»Fenster putzen. Muss ich mal wieder machen. Zeitung zerreißen. Rausgehen. Wischen, bis es quietscht …« Mit dem von Baustellenstaub getrübten Blick auf leere Berliner Straßen während des ersten Lockdowns beginnt Manja Präkels' poetisch-essayistische Reise durch die jüngere deutsche Geschichte und Lebenswelten in Stadt und Land.

Erinnerungen an die letzten Jahre der DDR, Begegnungen mit Rotarmisten und das Aufwachsen zwischen Neonazis nach 1990 mischen sich mit Besuchen brandenburgischer Flüchtlingsprojekte der Gegenwart und Reisebildern aus ehemaligen Sowjetrepubliken. Ein kasachischer IT-Spezialist schwärmt vom Pionierlager am Scharmützelsee. Russische Zuhälter in Transnistrien zeigen stolz ihre falschherum tätowierten Hakenkreuze. Im Rheinsberger Schlosspark bekämpft ein junger Sheriff einen mürrischen Riesen, während im lang geschlossenen Lichtspielhaus Alhambra die Fische singen: »Wer möchte nicht im Leben bleiben?«

Manja Präkels, 1974 in Zehdenick/Mark geboren, lebt als Autorin, Musikerin und Sängerin der Band »Der singende Tresen« in Berlin und betreibt als Mani Urbani experimentelle Klangforschungen. Sie war Mitherausgeberin der erzählerischen Anthologie »Kaltland – Eine Sammlung«, eines Klassikers der Nachwende-Literatur, und stellte für den Verbrecher Verlag mit Markus Liske das Erich-Mühsam-Lesebuch »Das seid ihr Hunde wert!« (2014) sowie den Band »Vorsicht Volk! Oder: Bewegungen im Wahn?« (2015) zusammen. Für ihren Debütroman »Als ich mit Hitler Schnapskirschen aß« wurde sie mit dem Kranichsteiner Jugendliteratur-Stipendium 2018, dem Deutschen Jugendliteraturpreis 2018 und dem Anna-Seghers-Preis 2018 ausgezeichnet.

MANJA PRÄKELS

WELT IM WIDERHALL ODER WAR DAS EINE PLASTIKTÜTE?

ESSAYS

VERBRECHER VERLAG

INHALT

FENSTERBLICK

Ich muss mal wieder Fenster putzen.

Wenn ich rausschaue, steht da ein Hochhaus. Siebzehn Stockwerke. Hier wie dort. Aber dort sind keine Fenster. Keine Leute. Ich schaue auf die hell gestrichene Brandmauer. Es ist der Blick auf ein leeres Blatt. Mir macht das nichts. Wenn ich am Schreibtisch sitze und kein Gedanke will hinaus, stehe ich auf, trete ans Fenster und voilà ...

Viele Leute fürchten sich davor, verrückt zu werden am Alleinsein. Ich habe einen Meisenknödel vor das Fenster gehängt. Vor die Leinwand. Es kommen Spatzen. Und dicke Tauben. Ihr einlullendes Gurren ist mein Stimmungsbarometer. Manchmal verspüre ich Lust, sie zu erschießen. Sie oder den blöden Dauerkläffer vorm Supermarkt da unten. Der bellt minutenlang und ohne Unterlass die Türen an. Seine Besitzerin benötigt so viel Zeit für den Einkauf, weil sie im Rollstuhl sitzt und wirklich viel Bier braucht, um den Tag zu überstehen. Nichts ist in Ordnung. War es nie.

Meine Großmutter saß viele Stunden ihres Lebens an ihrer Nähmaschine und schaute hinaus. Ihre Hände kannten die Arbeit. Blind. Schoben, zupften, prüften Stoffe. Sie blickte dabei auf die Straße, eine alte Linde, den Friedhof für die gefallenen Sowjetsoldaten. Das Alleinsein setzte ihr zu. Daran kann ein Mensch sich nicht gewöhnen. Oder?

Direkt neben dem Fenster hängt ein Wetterhäuschen. Hydrometer. Bei schönem Wetter dreht die eine, bei schlechtem die andere Person nach draußen. Sie kommen weder im Haus noch außerhalb jemals zusammen. Allerhöchstens an grauen, milden Tagen stehen sie auf einer Höhe und blicken hinaus, jede aus ihrer eigenen Tür. Isolation in Gemeinschaft. In Zweisamkeit.

Fenster putzen.

Muss ich mal wieder machen.

Zeitung zerreißen. Rausgehen. Wischen, bis es quietscht.

Ich denke an Frau Ahlgrimm und die anderen alten Leute, die mit ihren dicken Kissen die Fensterbänke meiner Kindheit bevölkerten. Solange ich noch hilflos, klein und wackelig auf den Beinen gewesen war, haben diese Alten, die aus Fenstern schauten, manchmal überraschend eine runzlige Hand nach mir ausgestreckt. Da lag dann ein Bonbon drin. Oder ein Groschen. Später verpfiffen sie mich bei meinem Vater, der immer genau wusste, wann ich an welcher Straßenecke geraucht hatte oder geknutscht oder an die Wand gekotzt. Analoge Vermittlung. Hatten alle kein Telefon, damals.

Wie ich es jahrelang gehasst habe, zu telefonieren. Jetzt gehe ich bei jedem einzelnen Anruf ran. Na ja, fast.

Total durcheinander. Bin ich das, oder ist es die Welt?

Da.

Draußen.

Vorm Fenster.

Eine Romni steht vorm Edeka. Wird weiträumig umkurvt. War schon vor Corona so. Ist schlimmer geworden. Es fehlt nicht mehr viel und einer schlägt ihr die Hand fort. Sie humpelt davon. In kein Zuhause.

Ich bin klein.

Mein Herz ist rein.

Da passt auch niemand sonst hinein.

Meine Großmutter trug immer ein Transistorradio mit sich herum, es hatte einen Tragegriff. Wenn sie Wäsche aufhängte, stellte sie es ins Gras. Wenn das Wetter schön war und sie strickte, auf den Tisch bei der Hollywoodschaukel. (*Versprich mir, nicht auf einmal stumm zu sein.*)

Komisch. Das hat sich wohl vererbt. Direkt nach dem Aufstehen stelle ich die Radios an. In der Küche. In meinem Zimmer. Auf der Suche nach einer Stimme gegen das Alleinsein. Sie spielen Durchhaltemusik. Schmachtende Popsongs. *Don't let the sun go down on me. You never walk alone.* Wer hat diesen Dreckssender eingestellt? Ach, ich war das? Auf der Suche. Im Äther nachts um halb vier.

Eines Morgens, in aller Frühe. Bella ciao, bella ciao ...

Im Fernsehen: Musikantenstadl. Trödeltruppen. Hart und unfair. *Dass meine Feinde weiter mit mir sprächen.* Die alten Frauen, die verwitweten, damals, die hatten sich ein Reservoir an Erinnerungen angelebt, die sie in Tagträume verwandelten. Eine Art Wegzehrung für das Fortleben. Aber was, wenn da nichts Neues mehr dazukommt? Was, wenn keiner mehr unterwegs ist, draußen auf den Straßen? Wenn nichts mehr zu beobachten ist? Womit füttere ich dann die Vögel?

Ich muss mal wieder Fenster putzen.

WELT IM WIDERHALL

Wir leben in einer Schlucht. Das Heulen des Windes, wenn er zwischen den Hochhäusern hindurchfegt, wird begleitet von Verwirbelungen. Ich habe einen Luftballon im Zickzackkurs bis hoch in die 17. Etage fliegen sehen. Oder war das eine Plastiktüte? Der Mond ist heller dort oben. Und die Welt stiller. Wenn unten vorm Edeka ein Hund bellt, klingt es, als säße er uns zu Füßen.

Am erwachenden Morgen rauschen die Straßen ringsum wie das Meer. Kehrfahrzeuge schieben Laub und Müll vor sich her. Es ist besser, die Fenster zu schließen. Sonst kann es vorkommen, dass ein Stück von letzter Nacht hereinfliegt. Eine Kippe vielleicht. Oder ein Kondom.

Vor vielen Jahren, ich war gerade erst in der Stadt angekommen, fuhr ich täglich vom äußersten Osten bis nach Dahlem und zurück. Dass die U1 ab Warschauer Straße als Hochbahn durch Kreuzberg führt, verkürzte den langen Weg erheblich. Ich, die an leere Landschaften gewöhnte Exilbrandenburgerin, schaute und staunte. Am Halleschen Tor blieb mein Blick stets am Rondell kleben, dem Mehringplatz-Ensemble mit seinen geschwungenen Balkonen, unter denen die Leute durchliefen. Dahinter Hochhäuser, wie sie auch am Springpfuhl in den Himmel ragen, Wohnkomplexe, in die ganze Kleinstädte passen. Irgendwo stand immer einer und pisste in die

Büsche. Ich fragte mich, wie es wohl wäre, dort zu wohnen. In der ruppigen Mitte der Stadt.

Dann zog ich tatsächlich hierher. Mein zweites Hochhaus nach missglücktem Frühversuch in Marzahn. Kein Kohlenschleppen mehr wie später in Pankow, vorbei die Zeit des improvisierten Duschens in der Küche, stattdessen: ein Balkon.

Manchmal wirft einer von ganz oben einen Joint achtlos runter, manchmal schmeißen die Kinder Spielsachen über die Brüstung. Unter uns, auf dem Vorbau, liegen dann Lichtschwerter oder Bälle. Selbst Spielkonsolen wurden schon gesichtet, Kochtöpfe und zerschlagenes Geschirr. Die Markise schützt uns vor herabfallenden Bierflaschen. Ich habe mich daran gewöhnt. Der Stoff kann was ab. So wie die Leute, die hier wohnen. Beim Flanieren im Rondell: verächtliche Blicke, misstrauische. Auch stolze: Wir sind nicht wie ihr. Im Fahrstuhl das Westberliner Rentnerpaar: »Endlich sieht man mal eine Deutsche.« Mir fällt vor Schreck keine Entgegnung ein.

Als ein Freund aus Kraków zu Besuch kommt, ist er sich nicht sicher, ob er die Kippa besser abnehmen sollte. Am Vorabend war er beim Spaziergang durch Neukölln übel bedroht worden. Ich erzähle ihm von den Jungs, die vor dem Supermarkt auf Macker machen und die Häuserschlucht allabendlich als Bühne nutzen. Ein paar von denen grüßen mich, aber nur, wenn sie allein sind.

Auch unser schwuler Nachbar hatte anfangs Angst. »Aber alles in allem liebe ich es, hier zu wohnen.« In einer Nachbarschaft, deren Mischung die weltweiten Verteilungskämpfe und kriegerischen Konflikte der letzten Jahrzehnte abbildet. Jüdische Rentner aus der ehemaligen Sowjetunion Tür an Tür mit Palästinensern, Roma, vor dem Krieg in Jugoslawien geflohenen Serben und Bosniern. »Wir Türken waren zuerst hier«, erklärt mir ein Hundebesitzer, während sich unsere Tiere über den Platz jagen. Ein anderer, geboren in Moskau, schimpft auf »die Araber«, die im Sommer alle Parks verstopfen würden. Eine Shisha rauchende Omi lächelt uns dabei von ihrer Parkbank zu. Das Kopftuch betont ihre hellen Augen.

Mein allererstes Gespräch mit einer Nachbarin führte ich am Hauseingang, wo damals noch ein Foto der zerbombten südlichen Friedrichstadt hing. Wir versuchten uns zwischen den Trümmern zu orientieren: »Das muss der Mehringplatz sein!« Sie lachte und sagte: »Wie Bagdad.«

Und heute? Der Mehringplatz – eine ewige Baustelle. Verwüstet. Verelendet. Das infernalische Gebrüll der Trinker und haltlosen Jugendlichen begleitet unser aller Nächte wie Eiszapfen in den Ohren. Dagegen die neu entstandenen »modernen Lebenswelten« gleich nebenan. Wo vor den Neubauten junge Eichen und hübsche Beete gepflanzt werden. »Kein Hundeklo« steht auf einem Schild. Für Hunde unlesbar. Die neu eröffneten Cafés und Geschäfte gegenüber dem Jüdischen Museum sind für meine Nachbarn so unsichtbar wie sie für deren Kunden.

Das städtische Gefüge zerbricht. Man kann es spüren wie die Vibration der U6 unter den Füßen. Seit aus dem kleinen Kaiser's ein Edeka geworden ist, gibt es am Fleischstand kein doppelt gewolftes Rindfleisch für Lahmacun mehr, dafür Schweinefüße. Abends spendet der Markt Trost und Licht für alle, die nicht nach Hause wollen. Oder können. Im nächsten Jahr ist Schluss damit. Investoren, Pläne, Abriss. Das bestürzt, doch wundert sich längst keiner mehr. Seit wir eingezogen sind, macht Laden für Laden dicht. Erst der mit den günstigen Kleidern. Dann die Raucherkneipe, das einzige Restaurant. Die Zerstörung solch kleiner Welten geht schnell. Ihr Aufbau dauert Jahre. Aber Anfänge gibt es immer.

Ein Nachbarjunge ruft den Namen meines Hundes in die Schlucht hinein. Beide rennen aufeinander zu. Wir lachen. Mit Echo.

SCHLUMPFEISZEIT ADÉ

Ende April 2020. Wieder einer dieser Seuchentage. 19 Uhr, Abendsonne wärmt, die Gesichter von Freunden im Computerbildschirm. Wir prosten uns zu. Plötzlich bricht Höllenlärm los unterm Balkon. Sirenen nähern sich aus allen Richtungen, aufgehetztes Hundegebell und Schreie aus vielen Hälsen, laute Flüche. Sprachgewirr.

Der Blick hinunter in die kleine Fußgängerzone, wo sonst eine Menschenschlange träge dem Supermarkt entgegenkriecht, fällt auf Streifenwagen, ein Zivilfahrzeug, eine große Wanne, Polizisten in voller Montur. Die Hundeführer treiben ihre Tiere in eine Gruppe von Teenagern. Ich kenne diese Jugendlichen. Sie sind jede Nacht lauter geworden. Zuletzt auch enthemmter. Sind mit geklauten Fahrrädern rumgefahren, prahlend und Passanten provozierend. Haben mit den angerückten Beamten Räuber und Gendarm gespielt. Doch die plötzliche Übermacht erschreckt. Erstickt. Rasch bildet sich eine protestierende Menge. Frauen schreien die Polizisten an, Männer erheben die Fäuste. Da kommt der Notarztwagen. Was ist passiert? Die Jäger schnappen zu. Wird der Junge verhaftet? Sein Kumpel schreit die Balkone an, droht: »Wer von euch hat die Bullen gerufen, hä?« Die anderen rennen. Wohin? Stilles Starren von den Balkonen. Selbst der Hund nebenan, der ewige Kläffer, schweigt. Nachts wird er winseln.

Freitagabend am südlichen Ende der Friedrichstraße – dem Ende, das in keinem Reiseführer Erwähnung findet. Denn hier, wo die Amüsiermeile früher vom Zeitungsviertel der Stadt auf den prächtigen Belle-Alliance-Platz führte, formen heute Wohnbauten der späten Sechzigerjahre den Mehringplatz. Die meisten Geschäfte standen schon vor der Pandemie leer. Monatelang war die Straße aufgerissen, wegen Tunnelarbeiten. Gab es Lärm und Dreck für alle. In den Häusern drumherum Platz für Tausende Menschen. Eine spezielle Berliner Mischung: Die Lebenslinien der Bewohner dieser Stadtschlucht, die – je nach Blickrichtung – zum Halleschen Ufer oder zum Checkpoint Charlie führt, sind von Kriegen, Konflikten und Katastrophen gebrochen. Große Familien, Kinder in Armut, viele Rentner und einzelne, aus ihren Altbauwohnungen weggentrifizierte Künstler. Die Verletzlichkeiten sind hier vielfältig, sichtbarer als anderswo, Selbstgewissheit keine Währung. Man trifft sich im Theodor-Wolff-Park, auf den Bänken im Rondell um den Mehringplatz, in der Schlange bei Edeka. Der zentrale Platz selbst ist eine Dauerbaustelle, gesperrt und unpassierbar. Hinter Gittern, nicht mal grün. Kinder haben bunte Virentiere auf das Pflaster gemalt. Ohne Augen. Ohne Mund und Ohren. Der Betreiber des Zeitungskiosks, bei dem sich die verschiedenen Trinkerszenen versorgen, verkauft jetzt deutlich mehr Zigaretten, wie er sagt. Die wurden sonst in Einkaufsgemeinschaft aus Polen herangeschafft. Bis das Virus dem ein Ende machte. Das letzte Monatsdrittel war immer schon zäh für die meisten. Nun ist es schlimmer. Alle Zufluchtsorte, die Kreuzberger Musikalische Aktion, das Stadthaus Böcklerpark, der Seniorentreff und die Kiezstube haben dicht. Wohin?

Die aufkeimende Wut ist gut zu hören. Täglich wird es lauter hinter den Wohnungstüren. Zum Glück gibt es Balkone. Unter ihnen jedoch hat sich der Tonfall verändert, bei Hunden und Menschen. Der geschrumpfte öffentliche Raum wird mehr und mehr zum

Gefahrenort. Die alte Nachbarin traut sich nach Sonnenuntergang nicht mehr raus. Am meisten fürchtet sie sich, krank zu werden. Masken trägt ja kaum einer. Woher bekommen? Von welchem Geld? Der Wachschutz der Wohnsiedlung ist seit Monaten eingestellt. Sie vermisst die Männer.

Ich sehe und erlebe das alles viel intensiver als früher, weil ich mich seit Wochen freiwillig zu Hause isoliere. Die Mehrzahl der Nachbarn kam schon vor Corona kaum aus dem Viertel raus. Den Teenagern, die da unter mir durchdrehen, begegnete ich zum ersten Mal bei unserem Einzug. Ein wilder Haufen, Dreikäsehochs noch, Ball dabei und hilfsbereit. Sie schleppten meinen Schreibtisch in den Fahrstuhl. Dann die entscheidende Frage: »Haben Sie Kinder?« Mist. Die Suche für das Fußballteam würde weitergehen müssen. Zwei Sommer später stolzierten die Jungs schon breitbeinig vor dem Döner-Restaurant auf und ab. Doch die Macker-Pose zerbrach am Eisangebot: »Alter, die haben Schoki!« »Ich will lieber Schlumpf.« Im Jahr darauf machte Yildiz dicht. Von da an hingen sie kiffend in einer Tordurchfahrt rum und hörten auf zu grüßen.

Die, die nun auf dem Sportplatz gegen Bälle dreschen, sind wie sie damals – und auch nicht. Im Vorbeilaufen höre ich den Kleinsten warnen: »Wir Araber müssen zusammenhalten. Die Deutschen mögen uns nicht.« Ein neugieriges Mädchen fragt: »Sind Sie ein Mann?« Unsicherheiten im Miteinander waren schon vor der Pandemie spürbar. Doch die alte Gelassenheit fehlt. Die Grüppchen im Park blicken skeptischer aufeinander. Oder bin ich das? Ich habe begonnen, die Straße zu beobachten. Es gibt teure Autos, die anhalten und von der Schlumpfeis-Gang umlagert werden. Die Insassen bleiben sitzen, doch sie reichen der Gruppe kleine Päckchen und etwas, das man nicht greifen kann. Nebenan geraten die Trinker in Streit miteinander. Ein riesiger Hund jagt durch die Menge hindurch einer Papiertüte nach.

Als die Polizei an jenem Freitagabend wieder abrückt, läuft eine besorgte Mutter den Beamten hinterher. Wie das nun weitergehen soll? »Dit is in der janzen Stadt so«, erklärt einer der Männer und macht keinen Hehl aus der eigenen Ratlosigkeit. »Wir sind die geilste Gang!«, schreit wenig später ein großgewachsenes Mädchen in den Kiezhimmel.

Allen Unzumutbarkeiten der Dauerbaustellen, dem Übersehen- und Marginalisiertwerden zum Trotz leben wir hier respektvoll Tür an Tür. Das kostet enorm viel Kraft. Jeden Tag ein bisschen mehr. Gestern ist ein Rettungshubschrauber unten im Park gelandet. Wir schauten ihm lange nach, als er in den Himmel stieg.

BRANDENBURG MACHT PAUSE

Der multikulturelle Stadtstaat Berlin liegt inmitten des Bundeslandes Brandenburg. Eine Tatsache, an die beide Seiten nur ungern erinnert werden. Mit der Pandemie scheinen sich die Gegensätze noch verschärft zu haben. Eine Kollegin teilt Bilder der menschenleeren Metropole: die Berliner S-Bahn ohne Passagiere, der einzig von Tauben bevölkerte Alexanderplatz, tägliche einsame Spaziergänge durch die stillen Wohnviertel. Das Staunen der Großstädter über die Entleerung des öffentlichen Raums lässt nicht nach. Ganz anders in Brandenburg: Die Leere der märkischen Landschaft ist vertraut. War es hier jemals voller?

Karfreitag. Im gesamten Bundesland gelten bereits hohe Waldbrandwarnstufen. Wie schon im Vorjahr sind Osterfeuer überall verboten. Nachdem wir die Autobahn Richtung Warschau verlassen haben, steuern wir, vorbei an unbelebten Vorgärten, das Zentrum der am westlichen Ufer des Flusses gelegenen Grenzstadt Frankfurt an der Oder an. Vereinzelte Menschen auf der großen Brücke, die hinüber ins polnische Słubice führt, laufen bis zur Mitte, schauen in die Ferne und kehren wieder um. Ende März hatte die polnische Regierung die Quarantänepflicht beim Grenzübertritt ausgeweitet und damit das tägliche Pendeln abrupt beendet. Laut der deutschen Industrie- und Handelskammer (IHK) sind davon rund 14000 polnische

Staatsbürger betroffen, die in brandenburgischen Betrieben arbeiten. Meist zu Mindestlöhnen. Durch die neuen Regeln kam es zu Kündigungen und Rekordstaus in beide Richtungen. Panisch mieteten Betroffene Wohnungen auf deutscher Seite, um ihre Arbeit nicht zu verlieren. Nur wenige Lkws rollen noch. Einen Sonderstatus für die grenznahen Regionen gibt es nicht.

Die Diskrepanz zwischen dem Anblick bestellter Landschaften ohne Menschen und den Zahlenkolonnen aus dem Autoradio vergrößert sich von Meldung zu Meldung. Vielstellige Zahlen von Neu-Infizierten, Verstorbenen, in ihrer Existenz Bedrohten. Kreditrahmen. Hilfsleistungen. Und fünfzig Kinder aus dem Schreckenslager Moria auf Lesvos dürfen nun doch nach Deutschland kommen. Ich schalte das Radio aus. Ein paar Kilometer flussaufwärts, hinterm nächsten Waldstück, liegt Eisenhüttenstadt. Ohne eigenen Grenzübergang oder Autobahnanschluss präsentiert die einst nach Stalin benannte und für ein großes Kombinat der DDR-Stahlindustrie errichtete Planstadt die ganze Formalität sozialistischen Städtebaus. Das Stahlwerk ist noch immer der größte Betrieb weit und breit. Fast die Hälfte der Menschen, die hier einst lebten, ist seit Mauerfall fortgezogen. Umbruch. Abriss. Keine Pferdemädchenparadiese. Zuwachs ergibt sich nur noch über eine »ab vom Schuss« am Stadtrand gelegene Zentrale Erstaufnahmeeinrichtung für Asylbewerber. Schon vor der Pandemie lebten Flüchtlinge in brandenburgischen Massenunterkünften stark isoliert. Oft mehr als 500 Bewohnerinnen in Mehrbettzimmern, die monatelang auf Behördenentscheidungen warten müssen. In Doberlug-Kirchhain, südwestlich von Eisenhüttenstadt, hat man die Einrichtung in ein militärisches Sperrgebiet gelegt. Der einzige Bus wurde, vorgeblich zur Eindämmung des Coronavirus, eingestellt – ein Offenbarungseid des institutionellen Rassismus im Lande.

Der an der Lausitzer Neiße gelegene Grenzort Guben-Gubin bewirbt sich selbst als »europäische Doppelstadt«. Sein historischer

Stadtkern am östlichen Ufer gehört seit dem Potsdamer Abkommen von 1945 zu Polen. Die wenigen Menschen, die in den Dörfern auf westlicher Seite nicht auf ihren durch hohe Mauern von der Straße getrennten Höfen sitzen, blicken misstrauisch den seltenen Besuchern hinterher. Ein Huhn hat sich verirrt und flattert verwirrt vor der Kirche herum. Trotz der tradierten Fremdenfeindlichkeit sind in den Städten entlang der Flussgrenze mit den Jahren familiäre, strukturelle und wirtschaftliche Geflechte entstanden, die in den Krisenstäben beider Länder schlichtweg ignoriert wurden. Das ist umso fataler, als es den rechten Strukturen auf deutscher Seite in die Karten spielt. Eine Menschenjagd durch die Gubener Innenstadt, die im Februar 1999 den algerischen Asylbewerber Farid Guendoul das Leben kostete, sorgte weltweit für Schlagzeilen. Heute fährt die rechtsextreme AfD hier Ergebnisse um die 30 Prozent ein. An der verwaisten Brücke, die Guben mit Gubin verbindet, wartet ein Kleinbus auf Passagiere: Arbeiterinnen und Arbeiter aus ähnlich abgehängten Orten in Polen auf dem Weg zu niedersächsischen Spargelfeldern oder Baustellen im Rheinland. Die müssen jetzt zu Fuß über die Brücke. Gegenüber erinnert eine »Traditionsstube« an die alte Heimat – drüben, auf der anderen Flussseite. Vaterland ist abgebrannt.

Die nächste Stadt, Forst, wirkt vergleichsweise belebt. Vor dem Ortseingang äsen Lamas. Auch das ist Brandenburg: exotische Tiere in versandenden Landschaften, zwischen Industrieruinen und entleerten Dorfplätzen. An der Tankstelle werden wir Berliner mit unseren Mundschutzen verspottet. Auf der Heckscheibe eines VW Golfs prangt ein Aufkleber: »Ostdeutschland – natürliche Härte«. Darunter grinst der Sensenmann. Auch jenseits einschlägiger Nazikreise kokettieren die Leute gern mit ihrer krisentauglichen DDR-Prägung. *Survival of the Toughest.* Tatsächlich haben dreißig Jahre Armuts- und Ausbeutungserfahrungen vielen eine Grundhärte abverlangt, auf die sich hier jedoch auch Einfamilienhausbesitzer mit eigenem

Weinkeller gern berufen. Die Pandemie erscheint ihnen höchstens skurril. »Endlich drehen sich die Uhren so, wie wir es fühlen«, lese ich in der Timeline eines befreundeten Malers. Für den Rückweg nehmen wir die Autobahn.

Eine Woche später verlassen wir abermals die Stadt, diesmal in Richtung Nordwest. Kein Feiertag. Nur normal Corona. Wir fahren in den Landkreis Ostprignitz-Ruppin, dessen Betreten uns an Ostern noch verboten war. Das Virus sollte ausgesperrt werden, doch ein Gericht hatte der Klage von Berlinern, die hier einen Zweitwohnsitz unterhalten, stattgegeben. Der Versuch totaler Abriegelung erscheint umso erstaunlicher, als die Region stark vom Tourismus abhängig ist. Kleinstädte wie Rheinsberg oder Neuruppin wurden den Berlinern schon durch Werke Theodor Fontanes oder Kurt Tucholskys ans Herz gelegt.

Fast allein tuckern wir die sonst vielbefahrene Bundesstraße 96 entlang, die bis hoch auf die Ostseeinsel Rügen führt. Was vor allem fehlt: der übliche dichte Verkehr ins weiterhin abgesperrte Bundesland Mecklenburg-Vorpommern. Rehwild ist aus dem Wald herausgetreten, äst in der Sonne. Ein Stand mit Spargel, Produkt der Region, steht verwaist am Straßenrand. Für die Ernte wurden erst vor wenigen Tagen Tausende rumänischer Billiglöhner eingeflogen und in zu vollen Bussen auf die Betriebe verteilt. Schutzlos im Mehrbettzimmer. Drei Euro Stundenlohn und 14 Euro für das Kilo Spargel. Der Corona-Tod eines Arbeiters sorgte einen Tag lang für Schlagzeilen.

Es ist ein altes Lied: Die Einheimischen stört der Ausflügler, den Ausflügler stören die Einheimischen. Mit Stadtflucht ist bis auf Weiteres Schluss. Mit dem Misstrauen nicht. Zwar hat die Gegend bei geschlossenen Häfen, Museen und Biergärten ihren Reiz für die Masse der Großstädter verloren, doch manche wollen sich den Waldspaziergang nicht nehmen lassen. Sie sind gewarnt. Es hat sich rumgesprochen, dass beflissene Brandenburger die Notrufleitungen nutzen, um das Auftauchen von Nicht-Einheimischen zu melden. Die über Kleingärten wehenden Reichskriegsflaggen werden sichtbarer.

In Rheinsberg mit seinem berühmten Schlosspark am See ist selbst der Supermarktparkplatz leer. Eine rote Ampel wirkt wie ein Scherz. Am Hafen wird ein Hausboot ins Wasser gelassen, von der Polizei überwacht. Eine weitere Streife kommt gefahren, scheint auf uns zuzuhalten. Wissen die noch nichts vom Gerichtsurteil? Dann aber tönt es aus dem Lautsprecher des Streifenwagens: »Andi, is dit Bier kalt?« Ironischer Gruß an den Reeder. Fahrgastschiffe bleiben angeleint. In der geöffneten Fischräucherei bammeln kinderarmdicke Aale. Unangerührt. Eine Spaziergängerin erzählt uns von einer Gruppe junger Bolivianer: »Die sollten hier auftreten und sind nun gestrandet. Dauerproben in der Musikakademie.«

Über Twitter verbreitet sich die neueste Forderung der AfD: »Keine Coronatests für Flüchtlinge!« Das alte »Deutsche zuerst« gehört eben zum Grundrepertoire. Im Radio erklären die *Ärzte ohne Grenzen* zur katastrophischen Situation im Camp Moria: »Wir müssen mit dem Schlimmsten rechnen.« Die Lokalzeitung weiß davon wenig zu berichten, wohl aber von aktuellen Skandalen: »An Ostern zwei Lämmchen geköpft!« »Mutwillig Ortsschilder vertauscht!« »Werkstatt entglast – Vandalismus!« Kindheit auf dem Lande.

Am Straßenrand werden Ausflugsziele beworben. Dazwischen: Gedenktafeln, die an die Todesmärsche erinnern. Von den KZs Sachsenhausen und Ravensbrück waren 16 000 Menschen nach Raben Steinfeld südlich von Schwerin geschickt worden. Im April vor 75 Jahren.

Unser letztes Ziel ist die Fontane-Stadt Neuruppin. Vor der Eisdiele hat sich eine lange Schlange gebildet. In sicherem Abstand zueinander unterhalten sich zwei Altenpflegerinnen: Es gäbe keine Masken bei der Arbeit, da habe eine Nachbarin geholfen. »Sind aber zu dick. Kriegste keene Luft.« Am Ortsende entdecken wir Plakate des örtlichen Veranstaltungsmanagements. Sie zeigen ein großes

Pausensymbol in Pink auf schwarzem Grund. Wir lachen und wollen ein Foto machen. Binnen weniger Momente rotten sich die Nachbarn an ihren Grundstückszäunen zusammen. Flucht. Mal Pause mit Brandenburg. Auf dem Rückweg erreicht mich der Anruf einer alten Freundin. Ihr Sohn solle Corona-Tagebuch führen. Sein Beitrag zum Schulbeginn laute: »Heute war wie gestern.«

»SIE FÜHLEN ES NUR NICHT.«

2019. Vor der Pandemie. Frühling in der Lausitz. Ich fahre durch leere Landschaften, durchquere typische Straßendörfer. Die Häuser drängen sich aneinander, mit Sicherheitsabstand zur Straße. Damit niemand hineinschauen kann. Kein Mensch zu sehen. Verandas, Gärten und Hollywoodschaukeln wurden zu den zartgrünen Feldern hin ausgerichtet, um zufällige Begegnungen zu vermeiden. Ein blonder Junge, der plötzlich am Straßenrand auftaucht, führt einen massigen, schwarzen Hund spazieren. Er trägt ein T-Shirt der Band Landser, die in Neonazikreisen kultisch verehrt wird, und blinzelt friedlich in die Sonne.

Ich bin unterwegs auf einer kleinen Lesetour durch ländliche Regionen in Ost und West. Noch am selben Abend treffe ich in Hennigsdorf eine junge Aktivistin. Sie organisiert mit Freunden Gegendemonstrationen zu Nazi-Aufmärschen und ist sichtlich nervös: »Die Polizei war bei uns zu Hause.« Die Beamten hätten sie gewarnt: »Dein Name steht auf einer Liste. Halte dich zurück. Wir observieren euer Wohnhaus.«

Erst wenige Tage zuvor war ich im sächsischen Wurzen einem Mitglied des Stadtrats begegnet, der regelmäßig die Radmuttern seines Autos überprüfen muss, seit Unbekannte sie lose geschraubt hatten. Auch er ist dafür bekannt, dass er für eine offene Gesellschaft eintritt, für Vielfalt und Toleranz. Anschließend berichtete mir ein junger Bayer von seiner Abiturfeier im fränkischen Vogtland. Das Wirtshaus, in dem sie feierten, war von einem Pulk Neonazis umzingelt worden, um die Herausgabe des einzigen nicht-weißen Schülers zu fordern. Lynchstimmung.

Menschen in Ausnahmezuständen? Das war einmal. In den ersten Jahren nach dem Mauerfall. Inzwischen haben sich Bedrohungslagen wie diese an zahlreichen Orten als Normalität etabliert – nicht nur im Osten. Im Schutze entlegenerer, ländlicher Räume konnten Rechtsextreme als Konzertveranstalter, Besitzer von Gasthäusern und Bauernhöfen, Betreiber von Sicherheitsdiensten und Sportklubs in den letzten Jahrzehnten Strukturen schaffen, die nachhaltig wirken.

Ich bin selbst in so einer Gegend aufgewachsen. Ab vom Schuss, wie man bei uns sagt. Dabei ist Berlin nur eine Fahrtstunde entfernt. Meine Jugendweihe, das Einschwören auf Staatstreue und DDR-Sozialismus, fiel ins selbe Jahr wie die Maueröffnung. Später war ich eine der wenigen aus meinem Abiturjahrgang, die nicht sofort gen Berlin, gen Westen aufbrach. Wurde Zeugin des großen Umbruchs der Neunzigerjahre. Zeugin auch einer Welle rassistischer und fremdenfeindlicher Gewalt, die nicht selten Träume von Neubeginn und Aufbruch in Albträume von Angst und Gewalt verwandelte.

Ich hatte großes Glück bei der Arbeitssuche. Die neue, westdeutsche Lokalzeitungschefin stellte mich ohne Referenzen ein. Aus purer Sympathie. Zu meinen ersten Aufgaben als Journalistin gehörte es, sämtliche Jugend- und Kultureinrichtungen im Landkreis aufzusuchen. Das war nicht leicht und oftmals traurig. Viele der Jugendzimmer, Kinos und Klubs waren von Schließung bedroht oder existierten bereits nicht mehr. An manchen Orten kämpften Schülerinnen, Auszubildende, Sozialarbeiter und zivilgesellschaftlich Engagierte enthusiastisch für den Erhalt ihrer Räume, um Gelder und Betreuungsstellen. Die meisten verloren. Rieben sich auf. Im Zuge massiver

Kündigungswellen, die Menschen aus landwirtschaftlichen Betrieben ebenso betrafen, wie die Angestellten, Arbeiter und Ingenieure der Industriewerke, blieb vielen nichts anderes übrig, als wegzuziehen. Das hält bis heute an.

Aus dem jeweiligen persönlichen Durchkommen durch diese Zeit oder Fortkommen aus den Provinzen erklären sich heute die so unterschiedlichen Bewertungen jener Jahre – Gewinn für die einen, soziale Katastrophe für die anderen. Der Preis der Freiheit? Das ist oftmals das Verdrängen dessen, was war, das Leugnen der Herkunft, das Vergessen. Bei einer Lesung in der Nähe von Kiel begegne ich einer Mecklenburgerin, aufgewachsen in Waren an der Müritz. Sie hört meinen Text, der die Auswirkungen des Systemzusammenbruchs auf das Leben von Teenagern in der Provinz beschreibt, mit großem Interesse. »Komisch«, sagt sie. »Ich bin ja dieselbe Generation, aber ich kann mich an nichts erinnern.« Der Strom der Ereignisse, Veränderungen, Lern- und Anpassungsprozesse hat ihr Gedächtnis verschluckt. Spezifikum ostdeutscher Erfahrung nach 1989. Und auch die Recherche wird schwieriger. Meine alte Lokalredaktion gibt es nicht mehr. Das Zeitungssterben hinterlässt eine unbestellte Öffentlichkeit. Archive werden aus Kostengründen nicht digitalisiert. Papierne Fundgruben, Zeugnisse des Gestern, die in Kellern zu Staub zerfallen.

Städter sehnen sich oft danach, wer es aber hat, will fliehen oder muss fort – das Landleben kann Paradies und Hölle sein. Die grundlegenden Lebensbedingungen haben sich in den vergangenen dreißig Jahren stark verändert. Im Osten früher und drastischer als im Westen. Trotz einiger regionaler Problemlagen gibt es viele Parallelen. Infrastruktur wird hier wie dort weggespart. Wer auf dem Land lebt, braucht ein Auto, wer keins hat, hat Pech. Schon deshalb sind chronisch Kranke und ältere Menschen nicht nur vom Ärztemangel besonders hart betroffen. Fahrende Händler beleben einmal wöchentlich verwaiste Dorfplätze, rollende Bibliotheksbusse und in Turnhallen improvisierte Kinos entstehen aus Eigeninitiativen. Die Zukunftsforscher, die in der Großstadt über »Smart City«-Konzepten brüten, sind hier draußen kaum einen Witz wert. Die vielbeschworene und oft gehasste Willkommenskultur der vergangenen fünf Jahre dagegen hat in zahlreichen besonders stark von Überalterung und Wegzug betroffenen Gemeinden Hoffnung geweckt und teilweise auch erfüllt. Wenn die Schließung des örtlichen Kindergartens durch den Zuzug einer afghanischen Familie abgewendet werden kann, stehen Türen und Herzen den Neuankömmlingen prompt offen. Bei der Pflege von Häusern und Gärten entstehen Solidargemeinschaften von Flüchtlingen und Rentnern. Hauptsache, die Bäckerei muss nicht schließen, weil plötzlich doch noch ein Lehrling gefunden wird, ganz egal woher. Doch es drohen Abschiebungen. Unverhältnismäßig große Hürden im Umgang mit Behörden.

Was aber ist mit der Jugend, wenn das ländliche Hier und Jetzt unaushaltbar wird? Gegen die Langeweile unausgefüllter Tage und Nächte helfen Drogen, Kampfsport, Hass-Gesänge, hilft die Jagd. Waren die in meinem Roman beschriebenen Gewaltausbrüche der frühen Neunziger noch hauptsächlich von Saufgelagen angetrieben, fluten nun neue Stoffe die Kinderzimmer. In Erfurt, Dresden und Chemnitz landet so viel Crystal Meth im Abwasser wie nirgends sonst in Europa. In den Dörfern drumherum gibt es solche Messungen nicht. Die Amphetamin-Küchen in den Wäldern grenznaher Gebiete werden oft von ehemaligen vietnamesischen Vertragsarbeitern betrieben. Im weiteren Verteilungskreislauf sind Nazi- und Drogenmilieu kaum voneinander zu trennen. Nach einem Einsatz beim traditionellen Baumblütenfest in Werder (Havel) wandte sich die diensthabende Notärztin an die Öffentlichkeit: »Das war Krieg.« Innerhalb von sieben Stunden habe sie mehr als 100 Patienten versorgt. Über die Hälfte minderjährig. Ein Drittel komatös. »Ich kam mir vor wie im Feldlazarett.«

Im fränkischen Bad Berneck, nur einen Steinwurf von der ehemaligen innerdeutschen Grenze entfernt, erklärt eine einheimische Zuhörerin im Anschluss an meine Lesung: »Die Ostdeutschen dachten doch, die kriegen jetzt ein Haus, ein Auto. Alles. Das war bei denen so, wie heute bei den Flüchtlingen.« Ihre Freundin ergänzt: »Die da drüben sind eben rückständiger.« Auch andere Gäste reagieren vorwurfsvoll auf meine Ausführungen zu ostdeutschen Lebenswirklichkeiten: »Neue Straßen, sanierte Innenstädte. Was wollt ihr denn noch? Seid doch stolz!« Ansichten aus einer heruntergekommenen Kneipe im menschenleeren Kurort, der – so munkelt man später – aufgrund fehlender Touristen seinen Status zu verlieren droht.

Groß ist das Unwissen übereinander hüben wie drüben. Ein eklatanter Mangel an Feingefühl begegnet mir auf einer Podiumsdiskussion in Thüringen, als ein westdeutscher Landespolitiker dem sichtlich entsetzten Publikum erklärt: »Es geht ihnen doch längst besser, sie fühlen es nur nicht.«

Am Rande eines Kunstfestivals in der Uckermark berichtet mir ein zugezogenes Ehepaar aus Hamburg, dass die Grundstückspreise der bei Sommerfrischlern und Großstadtmüden immer beliebteren Gegend derartig in die Höhe geschossen seien, dass den Einheimischen nichts anderes übrigbleibe, als zu verkaufen. Geschwister könnten einander im Erbfall einfach nicht mehr auszahlen. »Letztes Weihnachten waren wir die Einzigen im Dorf. Außer uns wohnt hier keiner mehr ganzjährig.« Dafür grasen nun auch hier niedliche Lamas auf der Wiese hinterm Hof. Im Sommer steigen Heißluftballons in den Himmel, von wo aus man die Sattelschweine, Pferde, Hirsche, Wisente und Kamele in ihren Gehegen betrachten kann. In Mecklenburg-Vorpommern bilden entlaufene Emus inzwischen eine eigene Population aus. Anderswo – wie in Bad Berneck – schürt der Zuzug großstadtmüder Galeristen, Musiker, Keramiker und Maler noch Hoffnung auf neue Impulse. Der Künstlermensch als ein weiterer Exot.

Im winzigen Dorf Jamel bei Wismar, das von Neonazis gezielt als »nationalsozialistisches Musterdorf« besiedelt wird, trat Mitte August letzten Jahres Herbert Grönemeyer als Stargast bei »Jamel rockt den Förster« auf. Einem Festival, das 2007 aus Gegenwehr gegründet wurde. Nur drei Wochen nach seinem Auftritt verpachtete der SPD-geführte Gemeinderat die zentrale Freifläche von Jamel für wenig Geld an ein Mitglied der rechtsextremen Szene vor Ort. Der parteilose Bürgermeister rechtfertigte die Maßnahme später: »Wir leben jeden Tag mit diesen Leuten und müssen uns mit ihnen irgendwie auseinandersetzen.« Auf der betreffenden Wiese werden im Juni nun Neonazis eine »Sonnenwendfeier« veranstalten. Mit Hüpfburg und Kremserfahrten im Kinderprogramm.

AM RANDE WÄCHST DIE EIGENART

Es kann vorkommen, dass hinter sieben Bergen, fern aller Königreiche, in entlegenen Alphütten wilde Lieder erklingen, die Aufruhr einfordern. Und das in breitester Mundart. Was kaut der Mensch da? Ist das noch Sprache? Selbst für geübte Ohren sind die Worte schwer zu deuten. Einzig die Haltung der Interpreten ist unmissverständlich: *dagegen!* Die Hütte steht offen bei Nacht und bei Tag. Es schaut keiner hin, wenn einer kommt, einer geht. Der Dorfsheriff will nicht wissen, was die Gäste zu sich nehmen. Er will es nur gern selbst probieren. Darauf besteht er, und singt auch mit, aber nur bis halb elf, dann ist seine Schicht vorbei. Pfiat di.

Es kann vorkommen, dass im Schatten stetig wandernder Sanddünen hölzerne Skulpturen in den Himmel wachsen, die Erinnerungen markieren. Vergangenes Leid dem Vergessen entreißen. Dem Schweigen. Die Frau, die es vermag, das Totholz für die Lebenden zum Sprechen zu bringen, steckt in schweren Stiefeln und groben Kleidern. Gegen die Mücken, die Unfallgefahr. Kein Funkempfang, nur das Funkeln von Tautropfen in fein gewebten Spinnennetzen und die rhythmischen Schläge der Axt. Wenn sie im abnehmenden Licht des Abends auf ihren Hof zurückkehrt, wartet da ein alter Hund. Er hilft ihr, nicht aus der Übung zu kommen. Im Reden. Es fällt ihr leicht, ihm zu verzeihen, dass er nicht jedes Wort versteht.

Es kann vorkommen, dass am unendlichen Horizont des Feldes ein Punkt sich nähert. Tag verstreicht, der Punkt wird Strich, und der Strich ist ein Mensch, der geht gebeugt. Vom vielen Laufen ohne Schatten, mit schlecht geflicktem Schuhwerk. Der murmelt vor sich hin. Lacht. Dann wieder Zetern. Und nur die Leser der Zukunft können wissen, dass da ein Text entsteht. Ein Text, der einmal in viele Sprachen übersetzt werden wird. Er wächst beim Laufen zwischen den Ohren, die hören das Knirschen des Sandes, die Rufe der Krähen, den fernen Hall einer Kirchenglocke und immerzu den Wind, das himmlische Kind. In der Zeit verrückt.

Es konnte schon immer alles vorkommen. Abseits. Neben der Spur. Wo die Uhren langsam gehen. Wo die Tage lustvoll verstreichen. Im Rumbummeln. Im Nichtstun. Man kann auch ohne Köder angeln gehen. In den verblassenden Landschaften meiner DDR-Kindheit – die Achtzigerjahre liegen mit ihren Filtern aus Plasteförmchen, Kalter-Krieg-Pathos, Synthie-Pop und Endzeitstimmung über allem – bevölkerten Künstlermenschen die halb zerfallenen Bauernhöfe der Umgegend. Ohne Strom und fließendes Wasser, aber – vermeintlich – fernab spitzelnder Lauscher an den Wänden, bildeten sie schillernde Gemeinschaften von Außenseitern. Sie sind nicht geblieben. Andere folgten. Klammheimlich.

»Nabnd!«

Nicken.

Stille.

Stehen.

Alle Blicke ruhen auf dem See.

Der Nächste kommt.

»Nabnd!«

Nicken. Stille. Stehen. Seeblick. Ein Fahrzeug nähert sich. Aussteigen, Türen klappen. Schrille Töne, Aufgeregtheit, Tempo. Lautes Bestellen. Viele Worte. Aus dem Uferimbiss werden Fischbrötchen nach draußen gereicht. Gespräche beim Essen. Übers Essen. Über Weine. Über den übermäßigen Verzehr von Fleisch. Eine leichte Brise malt Wellenlinien auf die Wasseroberfläche. Glitzern hier. Plapperei dort. Türenklappen. Keine Zeit. Der Motor startet. Räder drehen. Fort.

Im Hinterherschauen: Berliner Kennzeichen. Schweres Ausatmen. Aus Raucherlungen rasselt es gen See. Als hätten sie die Luft angehalten. So lange.

Später unterbricht ein Dröhnen das abendliche Vogelkonzert für wenige Momente. Gestank und Geräusch sind markant. Sind vertraut. Dieser Waldwelt, so nah bei der Grenze. Wo die Baumborken Einschusslöcher tragen. In dem knatternden alten Lada steckt die Zärtlichkeit vieler Jahrzehnte. Sein Besitzer auf dem Beifahrersitz hält sich am ledernen Griff oberhalb seines hin- und herschaukelnden Kopfes fest. Kein Original, aber praktisch. Hat ihn für seine Frau angebracht, die heute hinten sitzt und kichert. Illegale Sachen machen sie ja nur selten. Nuri, der das Lenkrad festhält wie seinen kostbarsten Besitz, darf das eigentlich nicht. Eigentlich. Seine Papiere sind wertlos hier im Wald und auf der Straße. In diesem Land. Aber wenigstens funktionieren seine Augen gut. In Kabul war er ein anerkannter Musiker im Künstlerviertel Kharabat. Nun ist er Chauffeur. Aber nur bis zum Waldrand. Dort wechseln er und sein fünfundneunzigjähriger Nachbar wieder die Plätze. Seit der Bus nicht mehr im Dorf hält, ist das die einzige Möglichkeit für das Ehepaar, eigenständig zum Arzt zu kommen. Die beiden waren Lehrer. In einem früheren Leben, als sie sich noch unbeschadet an die Regeln halten konnten. Nuri ist ein brillanter Schüler. Seine Musikalität hilft ihm dabei, den ortstypischen Dialekt zu durchdringen. Am Telefon kam es bereits zu Verwechslungen. Ihre Komplizenschaft erscheint den Dreien wie ein Geschenk des Himmels. Ein Telefon gibt Ton: Sie befinden sich nun jenseits des Funklochs.

Es kann vorkommen, dass eine ihr eigenes Wort nicht versteht, umzingelt von Feierabendverkehr. Es kann vorkommen, dass eine nicht verstanden wird. Die nach dem Weg fragt, weil sie sich verlaufen hat im Lärm. Verkehrsinseln beruhigen die Nerven der Verirrten. Kann sein, dass sie ein Lied darüber schreiben wird, dessen Worte nur wenige Leute werden verstehen können, aber die Haltung dahinter, die schon. Abseits der kreiselnden Blechperlenketten, der weiß gestrichenen Behördenflure, digitalisierten Heimarbeitsplätze, mit ihrem Piepen, dem Flackern und Ploppen nie versiegender Zeichenströme – *Achtung Echtzeit!* – gedeihen Eigenleben, Eigensinn, Eigenart. Mundarten.

»HÖRT AUF, SO ZU TUN, ALS GÄBE ES EIN ZURÜCK!«

2015. Es ist der Freitag vor den Landtagswahlen in Brandenburg. Das beschauliche Gransee liegt an der Bundesstraße 96 Richtung Ostsee, der Zug von Berlin nach Stralsund hält einmal stündlich. Die industrielle Revolution lief am Ort vorbei, seine mittelalterlichen Wahrzeichen sind gut erhalten und Anlaufpunkt für Touristen auf der Durchreise. Nach dem Ende des Zweiten Weltkriegs fanden hier viele Flüchtlinge ein neues Zuhause, damals zählte man über 9 000 Einwohner. Seitdem sinkt die Zahl stetig, heute sind es knapp 5 800.

Bis 1993 war Gransee Kreisstadt, seit einer Gebietsreform gehört die Stadt zum Kreis Oberhavel. Auf dem Weg vom Bahnhof in die Innenstadt durchquert man eine idyllisch an der Stadtmauer gelegene Kleingartenanlage. Die Laternenpfähle der Hauptstraße sind an diesem Tag zugehängt. Wahlwerbung. Es dominieren die Plakate von AfD und NPD, Hauptthema sind »die Asylanten«. Links und rechts liegen Neubaublocks. Auf einem der Balkone stehen zwei junge Mütter. Rauchend verfolgen sie den spärlichen Verkehr und alles, was sonst noch geschieht. »Hau ab, du Arsch!« Ein junger Säufer hat ihren Unmut erregt. »Der pisst hier einfach vor die Tür, der Idiot!« Feixend wankt der Mann davon.

Viele junge Leute verlassen die Gegend frühzeitig, um sich anderswo ein Leben aufzubauen. Es gibt Probleme, die wenigen Ausbildungsstellen zu besetzen und das örtliche Gymnasium muss Jahr für Jahr um sein Weiterbestehen bangen. Die Armut wächst nicht in allen Häusern, aber sie wächst. Dabei ist dies keine der aufgegebenen Regionen. Sie ist aber auch keine, die Menschen träumen lässt. Verwaltet wird sie seit 20 Jahren von ein und demselben Landrat, einem Mann, der seine Kritiker auch schon mal verklagt. Er ist es gewohnt, zu regieren. Bürgerbeteiligung ist weniger das Steckenpferd des Sozialdemokraten Karl-Heinz Schröter, eher die »harte Hand«, mit der er, gegen die Empfehlungen seiner Landesregierung, seiner Parteikollegen und des Kreistages, am Gutscheinsystem für Asylbewerber festhält. Damit wird die Auszahlung von Bargeld an Betroffene verhindert und somit deren Recht auf Selbstbestimmung untergraben. Auch die Schröter unterstellten Behörden sind für ihren restriktiven Umgang mit Flüchtlingen berüchtigt und wurden erst Anfang September wegen der unrechtmäßigen Abschiebung eines tschetschenischen Ehepaares gerichtlich abgemahnt. Für 2015 erwartet der Kreis nach neuen Prognosen 420 Menschen in Not. Deshalb plant man in Oberhavel zwei neue Standorte zu deren Unterbringung. Auch in Gransee soll eine Gemeinschaftsunterkunft für 80 Menschen entstehen. Das ist Neuland, für alle hier.

»Ich erwarte keine Wunder. Die AfD wird sich behaupten. Das steht fest.« In einem italienischen Lokal sitzen nachdenkliche, unaufgeregte Leute. Sie vertreiben sich die Zeit bis zum Abend, dann steht eine Premiere an für die Stadt und ihre Gäste. Das Granseer Bahnhofsgebäude stand jahrelang leer, war verrammelt und dem Verfall preisgegeben. Doch an diesem Abend soll es von einer Theatergruppe bespielt werden. Dazu hat die Stadtverwaltung den entkernten Raum der ehemaligen Gaststätte soweit in Ordnung bringen lassen, dass eine kleine Bühne und vierzig Menschen darin Platz finden.

Es ist mehr als eine schöne Geste, davon gehen die Begründer der hiesigen Willkommensinitiative aus, der auch der ehrenamtliche Bürgermeister angehört. Auf dem Programm stehen die »Asylmonologe«, ein preisgekröntes Dokumentarstück der Bühne für Menschenrechte. Man will ins Gespräch kommen, miteinander, mit den Granseern, nicht zuletzt mit den Flüchtlingen selbst. Vor wenigen Wochen ist eine serbische Familie in eine freistehende Wohnung gezogen. In wenigen Tagen soll eine Familie aus Syrien folgen. Genau weiß man es aber nicht, was die Umsetzung der Idee, dass jeder Flüchtling einen Willkommensgruß und einen Paten als persönlichen Helfer vor Ort erhalten soll, schwierig macht. Erst kürzlich kam die Nachricht aus dem Landratsamt: Die Gemeinschaftsunterkunft wird nicht wie angekündigt im Oktober, sondern erst im kommenden Jahr eröffnet. Vom geplanten Bau hatte man ohnehin nur durch »eine Indiskretion« erfahren. In einer heftigen Gegenreaktion hatte die Facebook-Kampagne »Nein zum Heim in Gransee« binnen weniger Tage tausend Fans gefunden. Glücklicherweise blieb es zunächst bei der virtuellen Empörung.

Befürworter wie Gegner wünschen sich mehr Transparenz, das Landratsamt aber weigert sich, mit einer der Bürgerinitiativen direkt zu verhandeln. »Zum Glück haben wir einen guten Draht zur Stadtverwaltung. Die holen uns mit an den Tisch.« Ines Richter arbeitet seit vielen Jahren als Psychologin in Gransee. »Wir hatten im Frauenkreis schon viele Ideen gesammelt, was wir tun könnten, wenn die Menschen hier ankommen, wie wir sie begrüßen könnten, helfen. Dann war ich bei dieser Informationsveranstaltung mit dem Landrat. Die Stimmung war bedrückend. Es haben ja fast alle dagegengesprochen. Daraufhin beschlossen wir, eine Willkommensinitiative auf die Beine zu stellen.«

Initiativen-Mitbegründer Markus Hoffmann ist ein »Zugezogener«. Er war bereits bei der Initiative »Willkommen Oberhavel«

engagiert, die erfolgreich Wertgutscheine in Bargeld umtauscht. »Meine Eltern sind Flüchtlingskinder gewesen. Ich komme aus Bayern und weiß, wie es ist, wenn man dazukommt, ohne eigenes Haus und all das.« Die Beweggründe der rund zwanzig Aktiven ähneln sich, ihre beruflichen Hintergründe sind vielfältig: Rentner, Lehrer, Selbstständige, Einheimische und eben Zugezogene. Leute wie Jonas Herms, ein junger Mann, der unter anderem als Trainer für politische Bildung arbeitet, gerade seinen Master macht und erst seit kurzem in der Nähe von Gransee lebt.

Zur ersten öffentlichen Versammlung ihrer Willkommensinitiative kamen über siebzig Menschen, Neugierige, auch Verunsicherte. Mittlerweile kümmern sich verschiedene Arbeitsgruppen um Fragen der Sprachvermittlung, der Öffentlichkeitsarbeit und nicht zuletzt um Geldmittel. Die Annahme von Sachspenden ist schwierig, denn es fehlt ein Ort zur Lagerung. »Wir haben einen Aufruf gestartet und Fahrräder gesammelt. Das war toll, die Granseer haben uns mehr Fahrräder gebracht, als wir benötigen.« Als man allerdings darum bat, einen alten Gebäudeteil der entstehenden Flüchtlingsunterkunft als Fahrradschuppen zu benutzen, hieß es lapidar: »Der Abriss ist beschlossen.« So scheitern derzeit einige gute Ideen am mangelnden Interesse der Kreisverwaltung.

Anders in Wandlitz, wo Kreis- und Stadtverwaltung die örtliche Willkommensinitiative mit vereinten Kräften unterstützen, indem sie einen leerstehenden Lagerraum zur Verfügung stellen. Ines Richter ist sich sicher: »Die Granseer sind genauso hilfsbereit. Es braucht eben einen Anknüpfungspunkt, um ins Gespräch zu kommen.«

Als die Vorstellung beginnt, ist kein Platz mehr frei im Bahnhof, dem alten Transitraum. Gebannt lauschen die Theatergäste den Lebens-, Leidens- und Fluchtgeschichten, die auch von der Kälte und Enttäuschung im Umgang mit deutschen Behörden nicht schweigen: »Ich war gerade aus dem Gefängnis gekommen. Nun saß ich wieder in einem.« Als im Anschluss an die Aufführung Asif Syed, ein Flüchtling aus Pakistan, das Wort ergreift, erhalten die bedrückenden Geschichten eine kämpferische Note. Er erzählt von den Zuständen in der Zentralen Erstaufnahmestelle Eisenhüttenstadt, vom Lager, von Selbstmorden und gewaltsamen Abschiebungen, vom Versuch der Flüchtlinge, sich zur Wehr zu setzen und Verbündete zu finden. Er berichtet von den Summen, die eine Flucht kostet, den Schulden der zurückbleibenden Verwandten, dem Horror, sollte die Flucht scheitern. »Hört auf, so zu tun, als gäbe es ein Zurück!«

Die junge Kenianerin Jennifer Kamau ist in Hennigsdorf (Oberhavel) untergebracht. Sie verweist auf die spezifischen Probleme von Frauen und Kindern in Gemeinschaftsunterkünften, auf das Fehlen von Rückzugsmöglichkeiten und die Entmündigung durch das Gutscheinsystem. Jemand im Publikum fragt: »Wo können sie die Gutscheine denn einlösen?« Jennifer Kamau antwortet: »Aldi, Penny, KiK.« Es gibt diese Märkte außerhalb der Innenstadt. Ausgelagert, wie überall. Aldi Nord plant derzeit, seine Granseer Filiale zu vergrößern. »Der Druck, den wir Refugees hier zusätzlich zu dem, was uns geschehen ist, bekommen, der wirkt natürlich zurück, in die Heime, aber auch die Kommunen, also zu euch. Wie sollte es auch anders sein?« »Wir wollen ein offenes Haus, für die Bewohner und die Granseer gleichermaßen.« »Aber das wird so nicht sein. In Hennigsdorf ist ein Zaun drum, Passkontrolle, Sicherheitsleute, das schreckt total ab.« Es entspinnt sich eine rege Diskussion, in deren Verlauf auch der Unmut über die strukturellen Schwächen des deutschen Asylrechts und dessen Anwendung wächst. »Da müssen wir doch was tun.« Sie tun es längst.

»Das ist ein Lernprozess«, ist ein häufig geäußerter Satz an diesem Abend. Es ist allen anzumerken, wie schwierig und kraftraubend dieser Lernprozess ist, aber auch, wie wenig sie sich davon abbringen lassen wollen. Draußen laufen die Gespräche weiter: »Ein gemeinsam genutzter Spielplatz, das wär's doch!« Irgendjemand hat herausgefunden, dass am Krankenhaus ein Praktikant aus Ägypten arbeitet. Erleichterung macht sich breit, denn das Willkommen für die Syrer soll nicht so sprachlos werden wie das für die serbische Familie. »Kein Englisch, kein Serbisch. Na, das war'n Ding.« Der Bürgermeister lacht, er war dabei. Jennifer Kamau verabschiedet sich: »Ich glaube, wenn die Menschen miteinander reden, so wie heute, ist das der größte Schritt nach vorn.« Dann setzt sie sich wieder in den Zug zurück nach Hennigsdorf. Wenn sie einschläft, könnte es passieren, dass sie gegen ein Gesetz verstößt. In Deutschland gilt Residenzpflicht für Flüchtlinge. Nur in Deutschland, nirgendwo sonst.

HEINERSDORF UND DIE FLÜCHTLINGE

Unweit der polnischen Grenze, näher an Frankfurt/Oder als an Berlin, umgeben von Wald, Wiesen und Feldern, liegt Heinersdorf. Es gibt einen See, ein von allen »Schloss« genanntes Gutshaus, eine Kirche, eine Gaststätte, einen kleinen Tierpark mit Kängurus und Meerschweinchen und einen Einkaufsmarkt. Und dann ist da noch das »Haus am Park«, das der Großgemeinde Steinhöfel, zu der Heinersdorf gehört, als Notunterkunft dient.

Etwas mehr als tausend Menschen leben in dem kleinen Ort. Bis 1990 waren viele in der Landwirtschaft tätig, fuhren morgens in die örtliche Tierzuchtanlage. Andere arbeiteten als Dachdecker oder Elektriker. Mit dem Ende der LPG verloren viele ihre Anstellung. Aus den Gewerken gründeten sich Firmen aus. Zahlreiche Heinersdorfer mussten von vorn anfangen. Heute ist es normal, dass junge Eltern bis nach Berlin pendeln. Ohne Auto geht hier nichts. »Es werden wieder mehr Kinder geboren.« Ortsvorsteherin Jane Gersdorf klingt verhalten optimistisch. Hinter ihr liegen turbulente Monate. »Es war viel Arbeit, aber auch …«, die junge Bauunternehmerin zögert kurz, »eine schöne Zeit. Es haben Leute mitgemacht, die sich vorher nicht engagiert haben.« Die Schlagzeilen von der »Flüchtlingskrise« hatten auch die Gemüter vieler Heinersdorfer erhitzt. Ortsvorsteherin Gersdorf gründete damals mit Interessierten einen Integrationskreis, sie fuhren gemeinsam in Nachbargemeinden, lernten dort Flüchtlinge kennen. »Da wussten wir noch gar nicht, dass es uns bald direkt betrifft.« Doch dann sei alles ganz schnell gegangen. »Es kam mit voller Wucht, mit 140 geflüchteten Menschen. Es gab keine Rücksprachen vorher, und wir wussten: Da müssen wir jetzt durch.«

Der Wachschutz steht rauchend vor dem »Haus am Park«, einem klobigen Bau aus den Fünfzigerjahren, und blinzelt in die Sonne. Drinnen ist nichts los. Die jungen Afghanen sind mit dem Bus nach Fürstenwalde gefahren, zum Deutschkurs. Nur eine Familie ist zurückgeblieben und wirkt verloren in dem leeren Gebäude mit seinen langen weißen Fluren. »Hier hab ich mal Melkerin gelernt«, berichtet Annett Dräger. Sie wohnt um die Ecke, kennt jeden Winkel im Haus und drum herum. »Und später wurde ich hier umgeschult. Auf Tourismus.« Es folgten Arbeitslosigkeit, Beschäftigungsmaßnahmen und Depressionen. »Am 10. August hab ich nach Arbeit gefragt, am 13. angefangen, am 16. kamen die ersten Flüchtlinge.« Eigentlich sei sie als Hauswirtschafterin angestellt. »Die Menschen erzählen einem ihre Geschichten, zeigen Fotos von Zuhause auf dem Handy, skypen mit den Eltern. Sie haben gleich Mama Annett zu mir gesagt.« Die Mittvierzigerin erinnert sich gern an die Anfangszeit, an den ersten Schnee: »Da sindse in Badelatschen raus. Die haben gespielt wie kleine Kinder. Das war so lustig!« Der Trubel, sagt sie, habe ihr gutgetan. Insgesamt seien mehr als 200 Asylsuchende aus Albanien, Afghanistan, Eritrea, Iran, Somalia, Syrien und Tschetschenien »durchgelaufen«. Fast von Beginn an sei eine Dolmetscherin in der Notunterkunft beschäftigt gewesen. »Insgesamt haben wir hier zu sechst gearbeitet.« Wie sie selbst sich verständigt habe? Mama Annett grinst breit: »Mit mir müssen alle Deutsch reden.«

Nur wenige Schritte weiter in Richtung Dorfmitte befindet sich das »Friedenshaus«, ein evangelisches Rüstzeitheim. Hannegret

Richter stellt Kuchen auf den Tisch. Es duftet nach frisch gebrühtem Kaffee und Holz. Seit 23 Jahren leitet sie die Einrichtung. »In einem früheren Leben« war sie Sachbearbeiterin in der Milchviehanlage. »Als voriges Jahr die ersten Flüchtlinge durch das Dorf liefen, dachte ich: Ach, schau an, das sind doch Menschen wie wir alle.« Sie lacht hell und blickt aus dem Fenster in Richtung des Sees. »Bei uns bricht ja auch vieles weg. Mangels Menschen. Das ist wirklich eine Bereicherung.«

Ob es Probleme gab? Frau Richter wird ernst: »Unsere MAE-Stelle bleibt dieses Jahr unbesetzt. Wir finden einfach keinen. Aber die Flüchtlinge dürfen hier nicht arbeiten. So was verstehe ich nicht.« Sie steht auf und holt einen Ordner, in dem die Aktivitäten der Kirchengemeinde dokumentiert sind. Dann erzählt sie vom Hoffest in Hasenfelde, dem Nachbarort, in dem sie wohnt. Ihr Gesicht erhellt sich: »Sehen Sie, das ist Elisabeta. Wie schnell die Deutsch gelernt hat! Das war im letzten Jahr.« In diesem Jahr seien leider weniger Menschen zum Hoffest gekommen. Weil es den Flüchtlingen galt.

Die Engagierten im Heinersdorfer Integrationskreis machten ähnliche Erfahrungen. Ortsvorsteherin Jane Gersdorf zog Konsequenzen: »Geld gibt es nur, wenn man Anträge für Flüchtlinge schreibt. Also haben wir die Sachen so beantragt, dass alle davon profitieren.« Auf diese Weise entstanden ein Gartenprojekt, ein Töpferkurs, eine Näh- und eine Fahrradwerkstatt. Es funktionierte. Einheimische und geflüchtete Menschen kamen sich näher. Bekanntschaften, sogar Freundschaften entstanden schon nach kurzer Zeit.

Wenn die Dörschmanns von dem zehnjährigen Ernis erzählen, fallen sich die beiden vor Begeisterung gegenseitig ins Wort. Das Rentnerehepaar hat die neuen Nachbarn ins Herz geschlossen. Mit Musik habe alles angefangen. Hannelore Dörschmann erinnert sich: »Das war schon 2015. Wir kamen ins Gespräch. Der Sohn von Elisabeta Hoxha hatte in Tirana Klavierunterricht gehabt und nun kein

Instrument mehr. Da fiel mir ein: Mensch, wir haben ein Keyboard. Also haben wir ihm angeboten, bei uns zu üben. Mal kam dann der Papa, mal die Mama mit.« Der Universitätsabschluss von Frau Hoxha, einer studierten Agrarökonomin, wird hierzulande so wenig anerkannt wie die Fahrerlaubnis ihres Mannes Fatjon. Doch die Dörschmanns sind aus einem anderen Grund besorgt. Albanien gilt als sicheres Herkunftsland. Der Familie Hoxha droht die Abschiebung. Für Frau Dörschmann ist das unvorstellbar. »Wissen Sie, ich freue mich, wenn die Leute hier vorbeigehen zum Bus, die Straße lebt, da sind Familien aus Afghanistan, aus Syrien. Das ist einfach toll.« Ihr Mann ergänzt: »Es gab auch Stimmungsmache gegen diese Menschen. Da habe ich aber über viele Heinersdorfer gestaunt, dass sie da nicht mitmachten.«

Es dunkelt bereits, als Keramikerin Judith Weinberg die frisch gebrannten Erzeugnisse der letzten Töpferwerkstatt in das Kulturzentrum trägt. Noch haben die Nachwuchstöpfer keinen eigenen Ofen. Soll aber kommen. Die Kinder plappern durcheinander, formen, kneten, schneiden. Jane Gersdorf hilft aus, wenn viel los ist, so wie heute.

Ein Junge steht verlegen in der Tür. Sie nickt ihm zu. »Komm rein, Iman.« Drei afghanische Jungs sind an diesem Nachmittag dabei. Serdan geht später noch zum Fußball. Den Ton geben hier die Mädchen an. Alle kennen sich schon aus der Schule. Die Erwachsenen im Ort taten sich anfangs schwerer. Sogar eine Demonstration wurde gegen die Neubürger organisiert. »Beim Sportverein gab es dann eine klare Ansage: Wer bei so was mitmacht, fliegt aus dem Verein. Das hat gewirkt.« Jane Gersdorf schaut nochmal zur Tür: »Jetzt komm schon rein, Iman. Es wird sonst kalt.«

»Fliege hoch, du roter Adler.« Nebenan treffen sich die Senioren in den Räumen der Feuerwehr. Lauthals singen sie, es wird geschunkelt. Mittendrin Herr Hunka. Der 88-Jährige ist der Ortschronist:

»Ich habe einen neuen Ordner angelegt: Heinersdorf und die Flüchtlinge.« Dann erzählt er die Geschichte von einem kleinen roten Messer, das er Fatjon Hoxha geschenkt habe. Zum Schnitzen. Gegen die Langeweile. Seitdem sehen sich die Männer jeden Tag. »Na, und wie man sich unter Nachbarn eben hilft, so machen wir das auch. Ohne ihn hätte ich meinen Garten dieses Jahr nicht geschafft.«

Keine zwei Jahre sind vergangen, seit die Ersten ihre Zimmer im »Haus am Park« bezogen. Nun ist es dort still. Zu still, wie Annett Dräger findet. Bis Ende des Monats werden ihre letzten 17 Gäste auf andere Unterkünfte aufgeteilt. Die Kleiderkammer soll noch geöffnet bleiben. Der Winter steht vor der Tür. Die meisten, die bleiben durften, sind weitergezogen, in größere Orte. Die engagierten Heinersdorfer werden weitermachen. Die Verblüffung darüber, wie schnell aus schüchternem Willkommen banger Abschied wurde, steht vielen ins Gesicht geschrieben. Hannelore Dörschmann hofft auf ein Wunder für Ernis und seine Eltern: »Die sind glücklich hier bei uns. Und wir mit ihnen.«

HASSHASENANGST

> Zwei Jugendliche haben in Sebnitz ein irakisches Mädchen angegriffen und verletzt. Wie die Polizei am Sonntag mitteilte, rissen sie der Elfjährigen am Freitag vor einem Supermarkt das Tuch vom Kopf. Eine 17-Jährige zerrte an den Haaren des Mädchens und riss sie so zu Boden. Dann trat ein 16-Jähriger zweimal auf das Kind ein, während seine Begleiterin dem Mädchen den Mund zuhielt.
>
> *8.12.2019* MDR

Was geschieht, das können alle sehen. Die Zeichen prangen an überdimensionalen Werbewänden, aufpolierten Hauseingängen, verkommenen Bahnhöfen. Sie fluten das weltweite Netz. Wir sehen sie in grell erleuchteten Unterführungen, auf Dächern, in den Gesichtern, tätowiert auf Handrücken. Überall. Und sie werden gelesen. Verstanden. Zu jeder Tages- und Nachtzeit schlägt es zu. Schlagen Fäuste zu. Verzerrte Mienen. Angstlust. Brüllen. Drumherum das große Schweigen, Ignorieren, Wissen: Wenigstens nicht ich.

Der Zug rollt durch das Land. Die junge Mutter legt ihren Säugling auf den einzigen, leeren Tisch des Bordrestaurants, wo sie eingeschweißte Produkte in der Mikrowelle aufwärmen und dafür abkassieren. Eine ältere Frau erhebt sich, zeigt mit dem Finger auf die

Übeltäterin und prangert an. Sie fegt das unhygienische Baby mit harten Worten vom Tisch. Wir anderen glotzen nur und schweigen. Die Ausführende: maskiert. Jedes Mitleid aus dem Gesicht geschminkt. Tote Augen. Helmfrisur. Eine Tante wie viele – irgendwo in Deutschland.

Vor dem Zugfenster ziehen kleine Ortschaften vorbei. Werbung für Windenergie: »Was aus dem Dorf kommt, bleibt im Dorf!« Ein paar Kilometer weiter: »Bleib wie dein Bier.«

Bleib wie wir. Bleib hier. Provinzen, die immer leerer werden. Gewesene Strukturen. Überflüssige Menschen. Eingepreiste, auch ausgepreiste. Angstmaterial. Hakenkreuze. Alles, was zählt: Was gibt es zu Mittag? Welcher Kommissar im Tatort? Was kaufen, bestellen, benutzen, besitzen wollen? Benziner oder Elektro – haha, Elektro!

Irgendwo liegt ein Mensch auf dem Boden. Es ist Winter. Jedes Kind hält inne. Zieht die Schultern hoch. Spürt mit. Das Frieren. Wie die Kälte in die Knochen dringt. Wie die Haut schmerzt. Oder? Es biegen zwei Jungen um die Ecke. Sehen den Mann ohne Dach überm Kopf. Sehen nicht die Not. Sehen keinen Menschen. Max und Moritz sind Angsthasen. Und der Schlafsack brennt lichterloh. Sie lachen während des ganzen Wegs. Sind aus der Puste vom Wegrennen, aber zum Lachen reicht die Luft immer. Wenn etwas so lustig ist, wie die Angst zu besiegen. Und man wird sie ja nicht gleich zerschroten deswegen. Unsere Jungs. Von hier.

Das, was geschieht, das können alle sehen. So wie das mit Hinkebein. Dem Taubstummen aus meiner Kindheit. Aus dem Nachbarhaus. Mit dem machten sie, was sie wollten. Er konnte ja nichts sagen. Oder weglaufen. Ich habe mich gefürchtet vor ihm. Vor seiner Hilflosigkeit. Der Hässlichkeit. Da steckt der Hass schon drin. Im Wort. Der Ekel, nah verwandt. Alles Zuschreibungen, von außen an ihn drangehängt. Ein Innen wird so unsichtbar gemacht. »Der is wie Tapete. Da kannste rinschlagen.«

Das war falsch. Weiß jeder. Passierte trotzdem. Es war so unglaublich, dass wir es selbst zwar wussten, aber nicht mehr glauben konnten. So übt es sich ein. Von klein auf. Hetzjagden zum Beispiel. Und: Wo die Ausländer wohnen, dahin nimm Streichhölzer mit.

Hassgesänge dröhnen durch Täler, Wälder und über Felder. Thüringer Wald. Polizisten, Monteure, Ladenbesitzer und Berufstrinker peitschen ihr Publikum in zu Konzerthallen umgebauten Scheunen auf. Schweiß. Spucke. Bier muss fließen. Die Kinder unten am Dorfplatz halten kurz inne. Der Ball rollt weiter. Verschwindet jenseits des Laternenlichts. Sie lauschen. Fürchten. Schon beim nächsten Mal tritt Gewöhnung ein. Oder beim übernächsten. Die Männer spielen im Rausch der wiederkehrenden Motive: Blut, Boden, Hirsch, Mann, Gewehr, Krieg. Albtraumfutter für die Spielenden. Bis sie es lieben. Im Wiedererkennen. Den Ball vergessen.

Und ich? Dagegen. Nunkeinkindmehr. Gegen Hass. Ekel. Angst. Wurde selbst zur Feindin. Gehasst.

»Wir kriegen dich!«

Der kleine Rothaarige, der das brüllte, mit verzerrten Zügen und einer Stimme, die klang, als gehöre sie zu einem viel größeren Körper, ja, dem riesenhaften Leib eines stetig wachsenden Wir-Monsters, den hatte ich einst beschützt. Als Übungsleiterin. Als er noch ein Hosenscheißer gewesen war. Das brüllende Monster mir gegenüber hatte keine Erinnerung. Nicht an mich und nicht einmal an sich selbst.

Bis heute bewerfen sie das örtliche Asylbewerberheim mit Böllern und Knallkörpern. Sie nennen es Mutprobe. Hass kann eingeübt werden.

Ekelhaft. Hässliche Lesbensau! Unfickbar. – Sowas schreibt man doch nicht hin, oder? Auch nicht heute. Erinnernd. Da kannst du dir ja gleich Opfer auf die Stirn tackern. Ja, Opfer. Ein Ding, vor dem sie sich fürchten. Das sie brauchen. Machen müssen. Was will keiner sein? Das will keiner sein.

Jeden Tag wird eine Frau hinter deutschen Gardinen tot oder wenigstens blutig geschlagen. Und alles, was zählt, ist: Ab wann bist du fett. Ab wann ein Supermodel. Wie werde ich Influencerin. Sich selbst durch die Augen der anderen betrachten und hassen lernen. Dann: Hass spüren lassen. So wie Heidi Klum. Ob sie Hasen mochte, als sie ein Kind war? Echte, lebende Häschen mit schlagenden Herzen?

Finanzielle Not und ein glücklicher Zufall haben mich einmal in die Situation gebracht, einen Hasen zu spielen. Auf der Bühne. Vor Kindern. Ich spielte auch ein Schlittschuh fahrendes Wildschwein, einen singenden Wolf und den Berliner Fernsehturm. Aber die Reaktionen der Drei- bis Fünfjährigen auf den Hasen haben bei mir den stärksten Eindruck hinterlassen. Die Figur war aus Spanholz gefertigt, in etwa so groß wie ein echter Feldhase. Sie hatte gelbes Fell, zwei bewegliche Ohren und einen Muff. In dem steckten die weichen Vorderpfoten, um sie vor der Kälte zu schützen. Der Kälte. Ich sprach das Häschen bibbernd. Die Worte blieben ihm fast im Halse stecken. Mit weit aufgerissenen Augen fieberten die Kinder mit. Sprachen mit. Sprangen auf. Wollten helfen. Gerade die Allerkleinsten unter ihnen, die stillen, die gern hinten sitzen und sich nicht zu nah an die Bühne herantrauen, die kamen oft, wenn der Vorhang gefallen war, und erkundigten sich. Was ist jetzt mit dem Häschen? Kann ich es sehen? Ich würde es gern anfassen. Sie umarmten das mit Stoff bespannte, angemalte Holzstück, küssten es vorsichtig und schauten dann streng in meine Richtung. Weil ich doch aufpassen muss. Mich kümmern. Es war, als sprächen sie sich selbst Mut zu, indem sie den Hasen trösteten. Um dann an mich zu appellieren: Vertreib du die Angst! Hilf dem Hasen!

Einmal beobachteten wir, zufällig, wie ein völlig zugedröhnter Glatzkopf auf seine Freundin eindrosch. Die schrie und flehte. Er schlug und schlug. Wir gingen dazwischen, eine Gruppe von sechs, sieben Mädchen und Jungen. »Freaks« – dafür hielten uns wohl die meisten. Weil wir nicht schlugen oder geschlagen werden wollten. So fiel es uns allerdings schwer, den Prügelnden von dem Mädchen wegzureißen. Er war vollkommen auf sie und seine Fäuste fixiert, schien uns kaum zu bemerken. Wir in körperlichen Auseinandersetzungen Ungeübten griffen vielhändig nach seinen Armen, bekamen seine Ellenbogen ins Gesicht gedrückt. Doch gaben wir nicht nach, rangen, schrien, kratzten. Konnten das Mädchen schließlich erlösen. Es rannte davon. Er stierte der Flüchtenden nach. Bereit hinterherzustürzen. Doch wir standen im Kreis. Verstellten den Weg. Den Blick. Und jede und jeder von uns hätte ihm gern ins Gesicht geschlagen. Einfach rein in die Maske. Diese stierenden Augen schließen! Konnten es nicht. Lernten es nicht. Wegzug oder Untergang. Dritter Weg? Gewöhnung?

Wir gingen. Und doch: Der Zynismus, die Verachtung unserer Gegner, waren uns in Fleisch und Blut übergegangen. In Fleisch und Blut, dicker als Wasser. Die permanente Auseinandersetzung hatte uns ihnen ähnlich gemacht. Sie uns aber nicht. Das ist wie mit dem Nazi-Opa. Der sitzt am Kaffeetisch, abgestellt, stumm, und erstickt doch alles Reden. Jeden Gedanken. Das Kind lernt, wie Verschweigen klingt. Lernt, nie aufzubegehren. Höchstens als Störung der Ruhe und Ordnung. Denn der Opa tut ja keinem was. Oma sowieso nicht. Und wehe! Wir wollen doch die alte Maske nicht sehen! Das kann man nicht wollen. Und die Massenmörder züchten Blumen. Was gibt es denn zum Nachtisch?

Oma sitzt in meinem Kopf, zieht die Gardinen zu und schweigt. Ich rasiere mir die Schläfen. Schmeiße alles ein, was geht. Irgendwann müssen die doch mal ausziehen, alle. Aus meinem Schädel. Irgendwann hab ich meine eigene Tapete. Auf die keiner schlägt. Ich verhärte. Trage selbst Maske. Sage nicht mehr, was ich denke. Meine Coolness kommt aus der Hölle. Ist nicht Pop. Nur Notwehr. Sich auflehnen gegen die allgemeine wie konkrete Verzweiflung. Dies ist die Ära der Angsthasen. Wir mittendrin. Zugezogene Gardinen in allen Köpfen. Offensichtlich. Geister spuken. Unverhohlen. Aus dem Schlaf geweckt. Der Schimmel in den Kellerritzen. Eingeatmet. Beim Hochholen von Konserven, Eingewecktem, Kartoffeln zum Sonntagsbraten.

Was ist das Gehasste? Anders? Außen? Wer hasst, verabscheut. Ekelt sich. Weißt du noch, die Trinker, damals in Odessa? Es war ein sonniger Morgen. Der Platz vor dem Bahnhof bot freie Sicht auf die torkelnden Gestalten. Untote, die einfach umfielen, einer nach dem anderen. Wir stiegen verblüfft und erschrocken in den nächsten Bus. Nach Arkadien. Der Mann blutete. Im Gesicht, am Hals, die nackten Arme aufgerissen. Der Blick halbtot. Die stolzen Bewohner der Stadt ignorierten seine Erscheinung vollkommen. Schauten hinaus. Durch die dreckigen Scheiben. Gleichgültig. Das ist die Gewöhnung, dachte ich, und konnte nicht wegsehen. Bei jeder Erschütterung schlug es ihm den wackelnden Kopf an die Bustür. Wann würde der abbrechen?

Ein Halt. Die Türen öffnen. Er fällt heraus. Schlägt mit dem Kopf auf das Pflaster. Bleibt liegen. Die Türen schließen. Der Bus fährt weiter. Ist er tot? Ist er – tot? Hilft ihm jemand? Ist er tot? Und noch etwas. Ein körperlicher Ekel. Lässt mich nicht mehr los. Wem oder was gilt er? Der Unmenschlichkeit unseres Zulassens? Der Gleichgültigkeit? Oder seiner nicht zu übersehenden, sich im Bluten und Zerbrechen manifestierenden Menschlichkeit?

Die Geschichten der Täter gleichen einander stärker als die der Opfer. Das ist wie mit den glücklichen und den unglücklichen Familien. Wir betrachten die Täter in ihren gleichmachenden Masken des Hasses. Schaudernd. Die Opfer sind Individuen, unmaskiert. Doch die Aufmerksamkeitsökonomie kehrt das Verhältnis um.

Das Lachen der Täter. Wenn wir das umkehren, wenn wir sie auslachen – sterben sie dann? Sind wir dann glücklich? Und was ist mit uns, die wir töten, indem wir nichts tun?

Alle wollen fühlen und lebendig sein. Oder?

Angstlust: Wimmern, weinen, betteln. Das Gehasste wird erzwungen. In die Augen getrieben, die Körper. Nur so kann er mich lieben. Immer nur so.

Angstsprache: Grob. Einsilbig. Sparsam. Harte Worte aus harten Mündern. Wollen Faust sein. Geballt dir entgegengestreckt: Hier, riech mal dran. Friedhof!

Angstmüde: Da kommt das Wort. Der Blick. Die Hand. Da kommen sie um die Ecke gebogen. Laufen. Immer weglaufen. Immer ducken. Immer verstecken. Unterlegen. Das hält ja keine aus.

Hasshasenangst wächst im Dunkeln. Hass ist kein Gefühl, es ist das Gegenteil. Die Ignoranz gärender Bäuche auf haarigen Säulenbeinen, die sich eher selbst zu Tode mästen, Wurst für Wurst für Semmelmahl, als auch nur einem verhungernden Spatzen den Krümel auf dem Tisch zu gönnen. Ha, den hab ich weggeschleckt! Und das nächste Mal erschieß ich dich, Hundsfott von einem Vogel! Das Fliegen sollte man dir und deinesgleichen verbieten. Euch die Federn von den Flügeln reißen. Eine nach der anderen.

Das Mädchen ist gerade elf geworden. Sie wirkt jünger. Ist klein für ihr Alter. Das mag daran liegen, dass ihre Eltern mit ihr flohen, als sie drei war. Aus dem Dreck. Dem Elend. Dem Krieg. Das Boot ist nicht gesunken. Sie hatten Glück und waren trotzdem monatelang krank und ohne Hoffnung, bis es schließlich gelang, anzukommen. In einem beheizten Raum mit kalten Menschen, eingequetscht zwischen Paragraphen und Behördenstuben, umgeben von fremden Worten und Gerüchen. Sie lebten. Sie waren zusammen. Sie gewöhnten sich an die Kälte. Die Feindseligkeiten. Das Essen. Das Mädchen lernte gern und schnell. Bis sie einmal allein zum Einkaufen ging. Die Angreiferin, die sie an den Haaren zu Boden riss, war viel größer und stärker als sie und hatte kein Erbarmen. Auch nicht der Junge, der zutrat. Kopftuch. Hass. Kein Mädchen, ein Punchingball.

I'm not no red football
To be kicked around the garden
No, no

Sinéad O'Connor

Hass ist kein Gefühl. Hass lässt sich nur in Vernichtung ausdrücken. Hass ist das Gegenteil von Neugier.

Ich hasse nicht. Manchmal empfinde ich Ekel. Oder Verachtung. Vor dem Hass. Für den Hass. Aber nein, ich hasse so wenig, wie ich verschwinde. So wenig, wie ich aufgebe. Nie.

DIE DAS FÜRCHTEN LEHREN

Eines der Lieblingsmärchen meiner Kindheit war Brüder Grimms »Von einem der auszog, das Fürchten zu lernen«. Ein Junge begreift nicht, was es bedeutet, sich zu gruseln. Er wird deshalb für dumm gehalten und auf eine Reise geschickt, die Leben kostet. Ich musste dafür nicht ausziehen. Meine Jugend ist ein Schmerzbuch. Ein Angstbuch. Es handelt von der sozialen Katastrophe, die die ostdeutsche Gesellschaft seit 1990 prägt. Von den Eruptionen rassistischer Gewalt, die damit einhergingen, diesseits und jenseits der Mauerreste hunderte Leben forderten. Die den NSU-Komplex genauso hervorbrachte, wie eine gesamtdeutsche rechtsextreme Jugendsubkultur. Deren nunmehr erwachsene und selbst zu Eltern gewordene Protagonisten bilden später den harten Kern von Pegida und AfD, besetzen hier wie dort Führungspositionen. In Hoyerswerda, im September 1991, hatte – zumindest medial – alles mit dem Angriff auf vietnamesische Straßenhändler begonnen. Eine Meute Jugendlicher hetzte damals Menschen durch die Stadt. Belagerte das Vertragsarbeiterheim. Warf Brandsätze. Hunderte applaudierten. Ich erinnere mich an die Angst, die die Fernsehbilder in unseren Kinderzimmern auslösten. Dies war kein Ende, sondern ein Anfang – so viel war uns klar. Es würde schlimmer werden. Wir würden mitmachen oder wegrennen müssen. Binnen weniger Wochen verwandelte sich unsere Gegend in eine »national befreite Zone«. Menschen nicht-weißer Hautfarbe waren in Todesangst geflohen. In chaotischen Zeiten schien der piefige DDR-Ordnungswahn ins Völkische gewendet: Bloß nicht auffallen. Keine Besonderheiten.

Sechsundzwanzig Jahre später, im Herbst 2017, lese ich an einem brandenburgischen Gymnasium vor Schülern der 11. Klasse. Als ich frage: »Rassismus, was fällt euch zu diesem Begriff ein?«, blicken Schüler wie Lehrer betreten auf ihre Schuhspitzen. Es gibt nur eine einzige Nicht-Weiße im Raum. Am Lesungsende, nachdem alle anderen gegangen sind, tritt das Mädchen zu mir an den Tisch, blickt mir fest in die Augen und sagt: »Ich weiß, was Rassismus ist.« Eine Mitschülerin gesellt sich dazu. Das Mädchen duckt sich und verschwindet.

Am Abend erzählt mir ein Student von seinem Bruder, den eine Gruppe Neonazis eines Tages halb totprügelte. Später habe er sich selbst einer solchen Gruppe angeschlossen. Das Romantische habe ihn angezogen, die »Erhabenheit« völkischer Ideen. Am Ende unseres Gesprächs steht die Frage im Raum: »Hab ich letztlich nur mitgemacht, damit mir nicht dasselbe passiert wie meinem Bruder?«

So klingen die Sorgen der Menschen, die mir regelmäßig im Anschluss an Lesungen begegnen. Die tägliche Bedrohung durch verbale und körperliche Attacken hat offensichtlich in all den Jahren nicht aufgehört. Sie traf und trifft nicht-weiße Menschen, zivilgesellschaftlich Engagierte und schlicht: Unangepasste. Ich kenne Politiker, die hinter Stahltüren leben müssen, weil sie und ihre Familien permanent bedroht werden. Für die Anschläge auf Büros und Privatfahrzeuge zum Alltag gehören. Journalisten, die sprichwörtlich ihr Leben riskieren. Manche mussten aufgeben, damit den Kindern nichts passiert. Warum sind deren Sorgen oder die der Väter, Mütter, Schwestern und Brüder der Opfer des NSU-Terrors weniger wert, als die jener Bürger, die in Einwohnerversammlungen ihrer Angst vor »Überfremdung« Ausdruck geben?

Selbstverständlich gilt es, jeden Einzelnen zu betrauern, der durch Gewaltverbrechen ums Leben kommt. Wie aber kann es sein, dass im großen, medial vermittelten Diskurs Neonazis und rechtsradikale Politiker – diejenigen also, deren Geschäft es ist, Angst zu schüren und zu verbreiten – diktieren, auf wessen Gefühle Rücksicht genommen wird? Wo ist der zuständige Minister, wenn ein Viertel der Bevölkerung von der erneuten Übernahme öffentlicher Straßen und Plätze durch Menschenjäger direkt betroffen ist? Auch zu seiner politischen Währung gehört sie längst, die Angst. Überall. Im Osten ist man nur schon länger daran gewöhnt.

Es ist fast, als würde derselbe Film in Endlosschleife laufen. Welle für Welle. Wut, Empörung und Entsetzen türmen sich auf, brechen am Namen des Ortes. Eben noch Solingen, Guben, Heidenau, Freital, Cottbus, Wurzen und immer wieder auch Dortmund. Diesmal nun Chemnitz. Bilder gehen um die Welt. Nazis am »Nischel«, wie der überdimensionale Karl-Marx-Kopf in der Innenstadt genannt wird. Jagdszenen vor Plattenbauten. Derweil streiten sich Menschen auf Twitter und in Talk-Shows: Darf man das sagen? Dass sie jagen? Ob man darf oder nicht – es geschieht. Wer schützt Sozial- und Kulturprojekte, wer friedliche Demonstranten vor der Masse an Wut derer, die »das Volk« sein wollen? Wo bleiben Respekt und Anerkennung gegenüber antifaschistischer, aufklärerischer Arbeit, die im ganzen Land seit den Neunzigern fast ausschließlich ehrenamtlich geleistet wird? Wo stünden wir jetzt ohne sie?

»Wir sind mehr« ist ein schönes Motto. Aber sind wir es? Oder ist es nicht vielmehr eine notwendige Utopie? Die Menschen, die überall im Land gegen die Verharmlosung rassistischer Gewalt auch und gerade in Polizei und Behörden ankämpfen, die sich wehren und von

Gewalt Betroffene unterstützen, verdienen Respekt und tatkräftige Unterstützung. Es geht hier nicht um Meinungen, sondern um Verbrechen. Alternative Gesellschaftsentwürfe sind nötig, wenn wir das Fürchten je wieder verlernen wollen.

DIE EINGEBORENEN

Oh, Lord, don't let 'em tar and feather us! Oh, Lord,
no more swastikas! Oh, Lord, no more Ku Klux Klan!
Name me someone who's ridiculous, Dannie.
Governor Faubus! Why is he so sick and ridiculous?
He won't permit integrated schools. Then he's a fool! Boo!
Charles Mingus, 1957

Bebop promotes Communism!

Im September des Jahres 1957, die Rassentrennung an amerikanischen Schulen war offiziell seit drei Jahren aufgehoben, hinderten weiße Amerikaner neun Schwarze Teenager daran, die High School von Little Rock zu besuchen. Gouverneur Orval Faubus, Demokrat und radikaler Befürworter der Rassentrennung, stellte den Wutbürgern die Nationalgarde des Bundesstaates Arkansas zur Seite. Alles sollte so bleiben, wie es war: Die Nachfahren verschleppter, entrechteter Sklaven gehörten nicht dazu, zum Wir-Gefühl in Little Rock, höchstens als Gegenstück: DIE gegen UNS, WIR gegen DIE. Erst das Eingreifen Präsident Eisenhowers führte dazu, dass die »Little Rock Nine« – ihrem verbrieften Recht nach – die Schule betreten durften. Der Mut dieser jugendlichen Pioniere der Bürgerrechtsbewegung sei gepriesen, bedenkt man die Stimmung jener Zeit, in der sich die »Weißen Ritter des Ku-Klux-Klan« neu formierten. Einst als nativistische Massenbewegung gegründet, sahen sich die Mitglieder des Klans nun in der Rolle der Vollstrecker einer weißen Mehrheit, die die Gleichbehandlung Schwarzer als existenzbedrohend ablehnte. Verdammt, die hatten auch noch den Rock 'n' Roll erfunden! Ein Anschlag auf Nat King Cole ging wegen der Unpünktlichkeit der Attentäter daneben. Ihre wahre Identität hinter Kapuzen verbergend, verbreiteten sie, angeführt von ehrenwerten Herren – Pastoren, Richtern und Polizisten – Terror und Angst. Verbrannten Kreuze und Menschen. Im Oktober desselben Jahres markierte der erste künstliche Satellit, Sputnik 1, der erfolgreich vom Boden der Sowjetunion in die Umlaufbahn der Erde geschossen wurde, den Beginn einer neuen Ära. Ein Kommentator der Frankfurter Allgemeinen Zeitung ließ sich zu der Bemerkung hinreißen: »Das planetarische Zeitalter hat begonnen!« Das dürfte die Mehrheit seiner westdeutschen Landsleute eher in Panik versetzt haben, lautete doch Adenauers siegreiches Wahlkampfmotto 1957 – neben »Wohlstand für Alle« – »Keine Experimente!« Östlich der Elbe, wo Spanienkämpfer Erich Mielke seinen Dienst als Minister für Staatssicherheit antrat und Schauprozesse die Richtung wiesen, sah man das ähnlich. In Ostberlin feierten sie den Erfolg der Sowjetunion wie den eigenen. Wenige Monate später rollte der erste Trabant, eine Art »Volkswagen des Ostens«, vom Laufband.

Im Westen, wo man den Tod weniger fürchtete als den Kommunismus, löste all das den sogenannten Sputnikschock aus, in dessen Folge ein Wettrüsten sondergleichen ein- und jede Verhältnismäßigkeit aussetzte. Die ersten Atomkraftwerke wurden in Betrieb genommen. Radiowellen schossen durch den Äther, initiierten neue Erfahrungen von Körperlichkeit und Rausch. Der Rock 'n' Roll enthemmte die planetarische Jugend. Und wie stets, wenn Veränderung droht, formierten sich die Hüter der alten Ordnung zum Gegenangriff.

Schnulzensänger Freddy Quinn tauchte mit »Heimatlos« in den Bravo-Charts auf. In der DDR erschien die Musikzeitschrift Melodie und Rhythmus, in der man befand: »Unsere Jugend hat natürlich einen Anspruch auf moderne Musik, sie hat aber auch die Verpflichtung, sich beim Tanzen anständig zu verhalten.«

Die Gefühlsreserven wurden in der wirtschaftswunderlichen BRD in die Leinwandwelt des Wilden Westens verlegt, in der die Kinogänger der Eingeborenenromantik Karl Mays in Winnetous Wigwam folgten, auf den Rücken ungezähmter Ponys in den Sonnenuntergang ritten, der »rote« und der »gute weiße« Bruder miteinander Friedenspfeifen rauchten. Ahnungslos, was die reale Situation der Native Americans betraf (von den Verbrechen an Aborigines, Yanomami, den Inuit und Abermillionen Kolonisierter ganz zu schweigen), deren Lage von Enteignung, Rassismus und Elend gezeichnet war, litten die Zuschauer aus sicherer Entfernung mit den »edlen Wilden«. Westkinder wollten trotzdem lieber Cowboys sein, die im Osten – klar – Indianer. Alles eine Frage des Klassenstandpunktes. Die DDR-Autorin und Historikerin Liselotte Welskopf-Henrich hatte zwar mit ihrer Romanreihe »Die Söhne der großen Bärin« ein kenntnisreiches Bild der nordamerikanischen indigenen Völker geschaffen. Doch letztlich mündete die Sehnsucht der ab 1961 Eingemauerten in »Kulturgruppen für Indianistik«, wo Werktätige nach Feierabend in Mokassins schlüpften und ums Lagerfeuer tanzten.

Das Wunder von Rom

»Für 60 Mark einen Italiener!« – Als Anfang der 1960er-Jahre die westdeutschen Arbeitsämter Außenfilialen in den Ländern des Südens eröffneten, kamen Menschen aus Italien, Spanien, Griechenland, der Türkei, Marokko, Südkorea, Portugal, Tunesien und Jugoslawien.

Sie zogen in die boomenden Regionen der BRD, schufteten, gründeten Familien und gingen nicht mehr weg. Die Einwanderer schafften, allen Widrigkeiten zum Trotz, Fakten. Auch die DDR schloss Abkommen mit Bruderländern in Asien und Afrika, zunächst um Fachkräfte auszubilden, dann um die eigene, niedergehende Wirtschaft mit günstigen Arbeitskräften am Leben zu halten. Vietnamesen, Mosambikaner, Kubaner, Angolaner und Chinesen lebten meist abgeschottet in abgelegenen Wohnblocks rund um die Industriewerke von Karl-Marx-Stadt, Dresden, Leipzig, Erfurt und Ostberlin.

Ende der 1980er-Jahre wurde die Luft in beiden Deutschländern stickig. Die ewigen alten Männer, Kohl und Honecker, verkörperten prototypisch, woran es mangelte. Ihre Gattinnen nicht minder. Auch sah man gleich, wer pleite war. Wer länger durchhalten würde. Honecker reimte: »Vorwärts immer, rückwärts nimmer!« Das Bedürfnis der Eingemauerten, laut zu schreien, ihr Weltbegehren und die Ausbruchslust fluteten die Botschaften in Prag und Budapest, die Straßen der Großstädte, Kirchen und Plätze. Ein Sprechgesang war ihre Hymne: »Wir sind das Volk!« – die Betonung lag auf dem WIR.

Die emanzipatorische Kraft, die dem zugrunde lag, die Selbstermächtigung der Menschen, die es satthatten im Namen ihrer selbst reglementiert, kommandiert und eingesperrt zu werden, relativierte Kohl salopp: »Gorbatschow ging über die Bücher und musste erkennen, dass er am Arsch des Propheten war und das Regime nicht halten konnte.« Im Freudentaumel überhörten die Demonstranten in Leipzig und Ostberlin das und vieles mehr. Sie berauschten sich an sich selbst, an der erhebenden Erfahrung, dass die Welt nicht länger an einer Mauer endete. Und wie immer, wenn unter Deutschen Euphorie und Bier sich vereinen, musste jemand bluten: »Ausländer raus!«

»Das Kapital« war ein Instrument zum Leute-Erschlagen, kein Buch mehr, das man gelesen hatte. Die Leute konnten nicht einmal mehr an den Teil ihrer Geschichte glauben, der wahr war. Diejenigen, die sie gelehrt hatten, waren Zombies. Die unheimliche Beschleunigung, die die Entwicklung mit Schabowskis verblüffender Erklärung zur Maueröffnung am 9. November 1989 nahm, tat ihr Übriges.

Der Systemzusammenbruch änderte auch die Situation der Vertragsarbeiter schlagartig. Rassistische Gewaltausbrüche, die die Mauertrümmer übersprangen und Feuer im ganzen Land entfachten, trafen sie genauso, wie die einstigen Gastarbeiter in Dortmund, Westberlin und Lübeck. In den Jubel der Brüder und Schwestern in Ost und West mischte sich Brandgeruch. Die Bonner Parlamentarier befeuerten den nationalen Taumel so gut sie es vermochten. In einer Regierungserklärung erneuerte Einheitskanzler Kohl am 30. Januar 1991 das alte Credo: »Die Bundesrepublik Deutschland ist kein Einwanderungsland.«

Das Boot war nun voll mit den eigenen Leuten. Als gäbe es nur noch eine deutsche Provinz mit ihren Eingeborenen, die – selbstverständlich – weiß waren. Vermeintlich Fremde duckten sich in den Straßen, Obdachlose versteckten sich, kritische Stimmen wurden als Spinner und Nestbeschmutzer denunziert oder anderweitig mundtot gemacht. Die DDR war verschwunden, ihr Territorium zu einer Kolonie geworden. Die Interessen der Bevölkerungen in West- und Ostdeutschland waren so verschieden, wie ihre Zukunftsaussichten. Sie benutzten die gleichen Worte und meinten doch Verschiedenes. Eine Atmosphäre des Misstrauens legte sich wie eine Glocke über das Land. Schon bald war klar, wer »Cowboy«, wer »Indianer« war und was wem blühen würde. Außer Landschaft – nichts. Die Ersten, die als Arbeitsmigranten auf der Flucht vor Massenentlassungen in den Westen gingen, waren die Frauen.

Immerhin gab es die Stimmen der Alten, die gemeinsame Angst, das Mitleid mit sich selbst. »Rote raus!« Im Club der Volkssolidarität füllten sie die Eintrittsformulare für den Bund der Vertriebenen aus. Opi und Omi, die alten Volksdeutschen, streuten später beim Kaffeetisch, hüben wie drüben, ihre Erinnerung in die Köpfe der Kinder. Dem Wunder von Bern folgte das von Rom. »Deutschland, Deutschland über alles.« Eine Flagge, eine Hymne, kein einziger Ostdeutscher auf dem Platz. Aber WIR waren Weltmeister!

Talkin' 'bout a Revolution

Mit dem Zusammenbruch der soziokulturellen Strukturen, die im Osten an Betriebe und staatliche Organisationen gebunden gewesen waren, die es nun nicht mehr gab, war eine atemberaubende Verrohung einhergegangen. Die alten Ordnungsprinzipien galten nicht mehr, neue waren noch nicht etabliert. Zukunft war eine Phrase vom letzten Fahnenappell. Anfang der 1990er-Jahre landeten viele mit ihren Abschlusszeugnissen direkt auf den Fluren der Arbeitsämter. Kein Job, kein Geld, keine Ahnung, wie das System funktioniert. Frustrierte Männer jagten, verfolgten, erniedrigten, teils aus Wut, teils im Suff oder aus Langeweile. Vorwärts. Gegen Schwarze, »Asoziale«, Juden, Schwule, gegen »das Zeckenpack«, das nicht gehorchen wollte. Häuser brannten lichterloh. Die meisten Mädchen waren sehr beeindruckt, was nicht unwesentlich dazu beitrug, dass sich der Trend auch bei den Gleichaltrigen im Westen fortsetzte. Entsetzt und aus sicherer Entfernung bewerteten Bonner Beamte das Phänomen als jugendspezifisch.

Wenige Tage nachdem ein minderjähriger Punker von einer Horde Skinheads erschlagen worden war, schickten sie Jugendministerin Angela Merkel, die Ostfrau in Kohls Einheitskabinett, in einen Magdeburger Jugendklub, in dem auch die Mörder verkehrten. Sie hatte einen Scheck für die Jungs dabei. Ihr Ministerium förderte die »akzeptierende Jugendarbeit«, ein im Westdeutschland der 1970er-Jahre entstandenes Modell, das zur Integration Drogenabhängiger entwickelt worden war. Jugendliche, die Hakenkreuze auf vietnamesische Imbissbuden schmierten, bekamen die Kahlköpfe gestreichelt. Keine Ansage, keine Bildungsprogramme oder sonstige Hilfe bei ihren offensichtlichen Problemen. Ihr mörderisches Kopfkino wurde akzeptiert, ihre Körper für die Dauer ihres Aufenthalts in den gut ausgestatteten Klubs kontrolliert. So wurden fortan Einrichtungen gegründet und bezuschusst, wo auch immer sich »Brennpunkte« auftaten. Couragierte zivilgesellschaftliche Akteure und Initiativen mussten hingegen erfahren, dass ihr Mut keine Anerkennung, ihre Arbeit kaum Geld wert war. Einzig ihnen und der Tapferkeit vietnamesischer und türkischer Imbissbuden-Betreiber ist es zu verdanken, dass der Albtraum von den national befreiten Zonen nicht überall in Erfüllung gehen konnte. Der Feind stand wieder da, wo er hingehörte.

Der Gouverneur Orval Faubus jener Tage hieß Berndt Seite, seines Zeichens CDU-Ministerpräsident Mecklenburg-Vorpommerns, ein 1945 aus Schlesien geflüchteter, in der DDR aufgewachsener und ausgebildeter Tierarzt: »Wir wollen kein Einwandererland werden.«

Die Rostocker Wutbürger belagerten das Sonnenblumenhaus im Sommer 1992 so ungehindert, wie die eingeschlossenen Vietnamesinnen und Vietnamesen, Journalisten und Helferinnen vergeblich auf die Feuerwehr warteten, als die Flammen Stockwerk für Stockwerk eroberten. Die Bilder gingen um die Welt. Und kein Eisenhower schickte Militär. Die darauffolgende faktische Abschaffung des Asylrechts war so kalkuliert wie exemplarisch: Eine Generation von Brandstiftern, der Lynchmob, ging Fahnen schwingend als Sieger aus dieser Schlacht hervor. In ihren Kleingartenanlagen, bei den Zwergen, hissten sie die Reichskriegsflagge gleich neben der der Südstaaten. Sie blieben auch weiterhin nicht untätig.

»Merkel konnte nicht mit Messer und Gabel essen.« Kohls Chauvinismus offenbart ein weiteres ungelöstes Problem der jüngeren deutschen Geschichte. Dieselbe Überheblichkeit, die Überlegenheitsgefühle, das Desinteresse an den untergegangenen Lebenswelten der Ostdeutschen kreierte ein Bild des rückständigen »Zonis«, das sich als ebenso nachhaltig erwies, wie die Generalabrechnung der neuen Eliten mit denen der DDR. Wer da wie mit »Buschzulagen« »in die Zone« geschickt wurde, zeigt sich am Beispiel Helmut Roewers, zwischen 1994 und 2000 Chef des Thüringer Landesamtes für Verfassungsschutz. An die Übergabe seiner Ernennungsurkunde konnte er sich nach durchzechter Nacht nicht mehr erinnern. Der Rest seiner Amtszeit war von Exzentrik, unverhohlener Verachtung gegenüber der thüringischen Provinz und ihren Bewohnern sowie eklatanten Fehleinschätzungen im Umgang mit Neonazis geprägt. Verdächtige wurden regelmäßig gewarnt, wenn Durchsuchungen anstanden.

Die Ostdeutschen waren noch voll beschäftigt mit dem Studium ihrer Stasi-Akten, als unter Roewers Verantwortung freie Kameraden des »Thüringer Heimatschutzes« angeworben und fürderhin mit Geld versorgt wurden. Geld, das eine Struktur finanzierte, die letztlich den NSU hervorbringen sollte, eine Bande von rassistischen Mördern, die unbehelligt wüten konnten, weil Ermittlungsbehörden das Naheliegende nicht erkannten, nicht erkennen wollten oder durften.

Nur in den allerseltensten Fällen, wie dem der heutigen Bundeskanzlerin, geriet der Nachteil der ostdeutschen Herkunft zum Vorteil. Daran, dass Angela Merkel doch mit dem Messer umgehen konnte, erinnerte sich der Altkanzler später jedes Mal, wenn er seine Wunden leckte. Er hatte sie schlichtweg unterschätzt.

Wer hat Angst vorm Schwarzen Mann?

Die Mulde ist nicht der Mississippi. Und doch verbrannte am 7. Januar 2005 Oury Jalloh in einer Zelle des Dessauer Polizeireviers bei lebendigem Leibe. Die Aufklärung der Todesumstände ist eine juristische Farce, die seit Jahren andauert. Nur aufgrund des Engagements von Freunden, Journalistinnen und Aktivisten wird überhaupt in Zweifel gezogen, dass er sich selbst angezündet hat. Ein an Händen und Füßen gefesselter Mann aus Sierra Leone starb allein unter weißen Beamten. In derselben Zelle war schon einmal ein Mann tot aufgefunden worden. Der Obdachlose Mario Bichtemann hatte einen Schädelbasisbruch erlitten.

Seit 2013 die rassistische Mordserie des NSU vor dem Münchner Oberlandesgericht verhandelt wird, starben drei wichtige Zeugen. Der Prozess beleuchtete zudem Verbindungen zwischen den Tätern, baden-württembergischen Verfassungsschützern, Polizisten und dem deutschen Ableger des Ku-Klux-Klans.

Drei Jahrzehnte sind seit dem 3. Oktober 1990 vergangen. Maßgebliche Kräfte in Politik, Exekutivapparat und Justiz haben die Grenze zwischen rassistischem Terror und der sogenannten Mitte vor aller Augen und Ohren durchlässig gemacht. Sie haben rechtsextreme Strukturen mit aufgebaut, finanziert, gedeckt und verharmlost. Die Auswirkungen dessen lassen sich im ganzen Land bestaunen.

Provinz ist überall in Deutschland. Entlegene Landstriche bieten perfekte Bedingungen für die Hüter deutscher Tugenden, Frauen und Männer, die ihre Kinder mit Esoterik und Rassismus zu Volksdeutschen erziehen. Das gilt in Mecklenburg wie in Bayern. Räume ohne Volk, verlassene Dörfer, aufgegebene Regionen.

In den Vorgärten der Reihenhäuser im goldenen Westen, wo die Fassade der Bürgerlichkeit vieles zu kaschieren vermag, argumentieren erhitzte Gemüter aus denselben Gründen gegen »Flüchtlingsströme« wie in Frankfurt an der Oder. Aber die Unfähigkeit, der Angst vor Armut zu begegnen, Konflikte auszuhalten (und sei es den Fleck auf der Gardine), das eigene Denken infrage zu stellen, ist allen gemein und stellt sie auf eine Stufe mit den Mörderinnen und Mördern, mit den Brandstiftern. Rassismus und Chauvinismus treiben allerorten neue Blüten. Nicht immer lässt sich das auf den ersten Blick erkennen.

Pegida, AfD, »Nein zum Heim« – das ist kein Spuk. Manches verschwindet wieder zurück unter den Asphalt, ins Wohnzimmer, die Badewanne. Ein paar freilich werden die Wärme vermissen, die Geborgenheit und Stärke, die sie bei den Demonstrationen erfahren haben, als alle gemeinsam »Wir sind das Volk« riefen. Die Betonung lag diesmal auf »Volk«. Die Untoten werden weiter stochern, jagen, morden und brandschatzen. Sie gehören ins deutsche Wohnzimmer wie der Weihnachtsmann. Wir können uns ein Fest ohne ihn so wenig vorstellen wie ein Land ohne sie. Die lassen sich nicht so einfach abknallen wie die Wölfe oder Flüchtlinge. Es erscheint uns einfacher, mit ihnen zu leben als gegen sie. Weil wir sie schließlich kennen, im Gegensatz zu all den anderen, die da draußen im unbestimmten Fremden leben. Die Furcht vor deren Elend ist größer, als die vor den Mördern am eigenen Tisch.

So erschreckend die immer neuen Wellen von Anschlägen auf Flüchtlingsunterkünfte, antisemitischen Übergriffen und Ausfällen auch sein mögen, so wenig überrascht diese Entwicklung all jene, die lieber von Bevölkerung als von Volk sprechen. Flüchtlinge ermächtigen sich selbst, Willkommensinitiativen wachsen auch und gerade da, wo sie am dringendsten benötigt werden. Abgeordnete lassen sich von zerschlagenen Bürofenstern nicht einschüchtern, Kriegsflüchtlinge und von Zwangsräumungen Betroffene organisieren ihren Widerstand gemeinsam. Das macht Hoffnung.

Es gibt kein Zurück. Wir Eingeborenen – Planetarier, für immer an Ort und Zeit unserer Geburt Gebundene – treten alle dieselbe Reise an, ganz egal, ob wir uns bewegen oder nicht. Keiner von uns will leiden, hungern, frieren, sterben. Alle haben Angst.

> Die Nacht, in der das Fürchten wohnt,
> hat auch die Sterne und den Mond.
>
> Mascha Kaléko

ECHTE MÄNNER, GEILE ANGST

Herbst 2017. Der Wind fegt ruppig altes Laub durch die Kleinstadt. Berlin ist nah und weit, weit weg. Hier ist Brandenburg. Ein Junge überquert die Hauptstraße. Er fällt auf. Sehr. Er ist nicht weiß. Jemand ruft ihm aus einer der Wohnungen über der Gaststätte Schröder etwas zu. Die Kneipe ist berühmt. Sie kam in einem Buch vor. Sogar im nachfolgenden Film. Der Junge schaut hinauf, lacht in Richtung der Stimme. Eine Zigarette segelt hinab, landet direkt zu Füßen des Jungen. Er nimmt sie auf, winkt nach oben, läuft weiter in Richtung Zugbrücke. Eine Geste unter Freunden.

Das war nicht immer so. In den Wohnzimmern und an den Kneipentischen der kleinen Stadt benutzen sie weiterhin ganz selbstverständlich rassistische Begriffe, wenn sie von Menschen anderer Hautfarbe sprechen. Normal. Nachdem die Kinder das Asylbewerberheim am zweiten Jahrestag der Deutschen Einheit angezündet hatten, damals, gab es lange keine Fremden mehr im Ort. Die ehemaligen Kollegen der Väter, Vertragsarbeiter aus Angola und Mosambik, waren abgeschoben worden. Man hatte sich manchmal einen Spaß daraus gemacht, sie durch die Stadt zu jagen und in die Havel zu werfen: »Kohlen fliegen gut.« Von alldem war in der Zeitung nichts zu lesen. Noch vor ein paar Jahren warb ein Café in der Stadtmitte: »Eisn****. Ein Euro.« Dann ging es pleite.

Die Stadt heißt Zehdenick. Als ich dort geboren wurde, war die Republik gerade 25 Jahre alt geworden. Es gab noch Hoffnung. Die wurde zwölf Jahre später unter dem Fallout aus Tschernobyl erstickt. Die Lüge war nicht mehr zu überhören. Ich war gerade Thälmann-Pionier geworden. Vom Überfall auf die Ostberliner Zionskirche, zu dem sich Nazi-Skins aus Ost und West verkumpelt hatten, erfuhren wir so wenig wie von der tödlichen Strahlung am Tag des Super-GAUs. Mit der Mauer fielen die Hemmungen. Auch bei uns. Nachbarjungs, Mitschüler, Freundinnen marschierten diesmal freiwillig. Als hätte über Jahre angestaute Wut von ihnen Besitz ergriffen, tobten sie über das untergehende Land.

Nach der Evakuierung des Asylbewerberheims Anfang der Neunziger, als keine Menschen nicht-weißer Hautfarbe mehr da waren, jagten sie eben uns, mich und meine Freunde. Sie nannten uns Zecken, und wir kapierten erst nicht, was sie meinten. Es ging ihnen auch nicht um unsere politische Haltung. Hatten wir überhaupt eine? Wir waren Mädchen mit kurzen und Jungs mit langen Haaren. Wir trugen keine Hakenkreuze zur Schau. Machten nicht mit bei dieser neuen Uniformierung. Fürchteten uns vor den Muskelbergen, vor der Niedertracht, vor dem neuen Pop-Phänomen: Die mit den Springerstiefeln küssen. Sie wurden die Stars der Schulhöfe. Nicht nur im Osten.

Glatzen- und Seitenscheitel-Banden besetzten Straßen und öffentliche Plätze. Gemeinsam mit ein paar anderen versuchte ich mich zu wehren, blieb auch nach dem Schulabschluss dort, arbeitete als Lokalreporterin. Wurde mehr und mehr zur Zielscheibe organisierter Angriffe. Als mich 1998 eine Jugendklubleiterin warnte, sie würden in Autos patrouillierend nach mir suchen, floh ich schließlich, so, wie alle anderen Unerwünschten, nach Berlin und war froh, dort erst mal nur zur Untermiete zu wohnen. So musste ich meinen Namen nicht an die Klingel schreiben. Die, die nicht weggehen konnten oder wollten, suchten die Anonymität der Gärten und Wohnzimmer, das Vergessen im Rausch. Manche zerbrachen, ganz langsam, an dem tiefen Riss, der ihnen in jenen Jahren zugefügt worden war. Die Jäger und Angstmacher jener Jahre gingen nicht. Sie wurden Väter – Steuerberater, Handwerker, Sozialarbeiter, Polizisten. Andere Berufstrinker. Blieben unter sich.

Der Autor Moritz von Uslar hat einen Teil dieser Szenerie in seinem Buch »Deutschboden« eingefangen, einer »teilnehmenden Beobachtung«, die 2010 erschien. Er findet seine Protagonisten in der Kneipe Schröder, hält sie regelmäßig frei, erlebt enthemmte Bandproben, verfällt ihnen zunehmend. Er betreibt, fasziniert von diesen edlen Wilden und mit dem verklärenden Blick des Berliner Szenegängers, ihre Wiedergutwerdung. Das seien nämlich gar keine Nazis, wie alle immer behaupten würden. Nur kernige Prolls. Echte Kerle, mit Tätowierungen und Muskeln, mit denen ein Mann ein Bier trinken kann oder auch sechs. Manchmal hat er trotzdem Angst, »geile Angst«, »richtig schön Schiss«. Protagonist Rampa, diktiert von Uslars Reporter-Ich: »Wir waren schon schlimm, aber so ganz schlimm – so richtig, richtig schlimm –, das waren wir nicht, das waren die anderen.« Später ergänzt er: »Es hat hier Angstzonen gegeben. Was es in Großstädten wie Leipzig oder Dresden nie gab, das hat es hier gegeben: No-Go-Areas.«

Was genau geschah, bleibt im Ungefähren. Etwa der Überfall auf eine Dorfdiskothek unweit der Stadt. Stadtgespräch. Wochenlang. Damals, in der Nacht zum 5. Januar 1992, starb Ingo Ludwig an den Folgen der Stiefeltritte der schlimmen und der richtig schlimmen Jungs. Er hatte nicht ausgesehen wie sie, andere Musik geliebt und dann zufällig draußen gestanden, als sie den Laden stürmten. Keine unterhaltsame Geschichte. Die letzte aus der Perspektive des Toten. Nichts, was man dem Reporter erzählen würde. Aber der will so was ohnehin gar nicht hören. Er hat einen klaren Plan, mit dem er zu seiner Beobachtung aufbricht: »Mich interessierte eigentlich nichts, das war ja das Geile. Neonazis interessierten mich nicht.«

Auch in der Stadt interessieren Neonazis niemanden. Darum gibt es sie nicht. Ich war 15, als mich eine Nachbarin bei meinen Eltern anschwärzte: Ich hatte in der Öffentlichkeit geraucht. Wenn wieder einer von uns »aufgeklatscht« wurde, sah das keiner. Keine Zeugen, keine Polizei. Kein Polizeibericht, keine Presse.

Seit damals ist viel Wasser die Havel hinabgeflossen. Die Stadt hat sich ein wenig erholen können – von der Schließung ihrer Industriebetriebe, von Massenarbeitslosigkeit und spontanen Gewaltausbrüchen. Der wirtschaftliche Aufschwung hat um den Norden des Landkreises Oberhavel keinen Bogen gemacht. Die Arbeitslosenquote liegt unter zehn Prozent. Die Straßen und öffentlichen Plätze sind belebter als zu Beginn der Neunzigerjahre. Vor allem im Sommer, wenn die Touristen kommen. Die Nachricht allerdings, dass 24 Flüchtlinge am Stadtrand untergebracht werden sollen, sorgte 2015 für Tumulte und Fackelmärsche. »Nein zum Heim!« »Wir sind das Volk!« Im Folgejahr erreichte die Zahl rechtsextrem motivierter Gewalttaten in Brandenburg mit 167 Fällen einen neuen Höchststand. Dabei erfasst die Kriminalstatistik ausschließlich jene Taten, die zur Anzeige gebracht werden. Darin nicht enthalten sind etwa die Steinwürfe und nächtlichen Böller-Kanonaden vorm Zehdenicker Flüchtlingsheim. Die täglichen Schikanen, mit Autos gehetzt und bespuckt werden. Im Supermarkt rammte eine Rassistin einer Schwangeren ihren Einkaufswagen in den Bauch. Mitarbeiter des Potsdamer Vereins »Opferperspektive« unterstützten die Betroffenen, auch in Rechtsfragen, etwa, als einem Flüchtling aus Eritrea der Zutritt zum örtlichen Fitnessstudio verwehrt wurde. Im Mai 2017 wurden zwei Männer aus Somalia an der Tankstelle angegriffen und – zu ihrem Schutz – von der Polizei zum Heim zurück eskortiert. Im Sommer wurde ein Pakistaner von Maskierten überfallen, die mit einem Pick-Up herangerast kamen. Jagdszenen.

Im Jahr zuvor hatte die Stadt ihr 800-jähriges Bestehen gefeiert. Ein Festumzug wurde mit großem Engagement der Einheimischen gestemmt. Auf Motiv-Wagen verliehen sie den verschiedenen Kapiteln der Stadtgeschichte ein Gesicht, kostümierten sich als slawische Siedler, Zisterziensermönche, Ziegelwerker. Die Zwanzigerjahre wurden unter dem Motto »Rasse mit Klasse« angekündigt. Wegen des damals gegründeten Kaninchenzüchtervereins. Die Deportation der jüdischen Bürger in die Vernichtungslager firmierte als »Das dunkle Kapitel«. Im Vorfeld wurden »sehr schlanke« Statisten gesucht, die diese Menschen in Häftlingskleidern repräsentieren sollten. Gemeldet hat sich keiner. Wer sollte das auch wollen? Bei einem Festumzug.

Anfang Oktober 2017, sieben Jahre nach seinem Erfolgsbuch »Deutschboden«, trifft sich Moritz von Uslar erneut mit einigen seiner Protagonisten – zu einem politischen Stammtisch, wie er in der Literaturbeilage der Wochenzeitung Die Zeit schildert. Es ist die Woche nach der Bundestagswahl. Er will mit ihnen über den Wahlerfolg der AfD sprechen. Rührselig schickt er voraus, in diesen vier Männern »wahre Freunde« gewonnen zu haben. Er beschreibt ihre Anpassungsleistung, zu der er selbst nicht unwesentlich beigetragen hat, sind die vier doch über »Deutschboden« und dessen spätere Verfilmung zu lokalen Berühmtheiten geworden. Von Uslar: »Alle vier Männer haben inzwischen die Aura von ordentlichen Bürgern und ehrbaren Mitgliedern der Gesellschaft (normale Kleidung, dezidiert gute Umgangsformen).«

Man ist sofort beim Thema. Nein, AfD-Wähler seien »auf keinen Fall Nazis«. Nein, normale Bürger. Und Neonazis gäbe es ohnehin nicht mehr. Drüse: »Wir müssen es wissen. Der harte Kern, das waren ja wir.« Ein Satz, ein Argument, eine Begründung, die schon in »Deutschboden« verblüffte. Erneut wird die eigene Zugehörigkeit zur gewalttätigen Nazi-Skinhead-Szene Anfang und Mitte der Neunzigerjahre verharmlost: »Das hat die Wende damals mit sich gebracht, das ging gar nicht anders: Du bist zu Hause geblieben, oder, wenn du auf die Straße gegangen bist, dann warst du rechts.«

Die Interviewpartner sind in vier zum Quadrat geordneten Porträts in der Ästhetik lässiger Popstars abgebildet. Diese Bilder sorgen dafür, dass ich mehrere Anläufe brauche, um den Artikel zu lesen. Zwei der Gesichter wecken alte Angst in mir. Die sitzt noch immer direkt unter der Haut. Total ungeil. Ich Opfer – viel weniger unterhaltsam als die leutseligen Täter beim Bier – reiße mich zusammen, versuche, die Fotos zu ignorieren, obwohl mich die beiden anstarren. Von Uslar beschreibt einen Spaziergang mit Hund. Bei Erwähnung der Rasse – Staffordshire Bullterrier – erinnere ich mich an eine Geschichte, die während meiner Schulzeit die Runde machte: Einer von ihnen habe einen Welpen aus dem Fenster geworfen, weil der einfach nicht scharf wurde. Ein Lamm von einem Hund. Beim nächsten hatte er dann mehr Erfolg. Den hetzte er auf meinen kleinen Schnauzer, einfach so. Aus Spaß. Um Angst zu machen, Macht zu demonstrieren. Mein Vater rettete unseren Charlie, indem er geistesgegenwärtig zum Gewehr griff und auf den späteren »Deutschboden«-Helden anlegte. Lust auf Blut. Angst. Notwehr. Darum war es damals gegangen. Jahrelang. Immerzu.

So eine Atmosphäre verändert eine kleine Stadt nachhaltig. Diejenigen, die sie verbreiteten, verstehen es nun, sich in Worten ebenso gut in Szene zu setzen, wie es die Portraits vermuten lassen. Sie haben das Spiel durchschaut. Sie erzählen ihre Geschichten. Auch in den Andeutungen, Weglassungen, dem, was sie einander in Blicken versichernd beschweigen. Man habe dazugelernt. Nichts mehr gegen Ausländer. Alles nur Menschen. Einer erklärt, die FDP gewählt zu haben und: »Man kann uns vertrauen. Wir sind keine Antidemokraten. Wir wissen, was wir an der Demokratie haben.« So erzählen sie, und der Reporter schreibt alles auf. Bohrt nicht weiter nach. Die Angstverbreiter der Neunziger klingen wie Kriegsveteranen. Hundert

Jahre später. Geläuterte Helden ihrer eigenen Geschichten. Es wird eine geschlossene Erzählung konstruiert, in der alles zu einem guten Ende zu führen scheint. Alle haben Arbeit. Männerfreundschaft hält.

Mit Rechten reden? Das passiert längst. Passiert unablässig. Auf allen Kanälen. Doch menschenfeindlichen Gesinnungen folgen ebensolche Taten. Während Journalisten fasziniert auf Lippen starren, beschwichtigenden Worten lauschen und reden, reden, reden, geht weiter die Furcht um, draußen vor der Tür. Von Rassismus, Chauvinismus, Homophobie und Gewalt Betroffene leben in Angstzonen, die für all jene unsichtbar sind, die nichts zu befürchten haben. Die Perspektive der teilnehmenden Beobachtung ist nicht voraussetzungslos. Die Opfer (schon lange ein Schimpfwort) bleiben nicht cool. Sind verletzt, unsichtbar, verstecken sich, finden keine Worte oder können nichts mehr sagen.

Die wenigsten dieser No-Go-Areas der Neunziger sind bis heute offenen Zivilgesellschaften gewichen. Hier und da haben aus Großstädten Zugezogene sterbende Dörfer gerettet. Neue Bündnisse und Erfahrungshorizonte konnten entstehen. Doch manche Gegend ist weiß und ungestört geblieben. Dort werden Zivilcourage, Widerspruchsgeist und Nonkonformität weiterhin exemplarisch bestraft. Gemobbt. Denunziert. Die Toten werden verschwiegen. Die Taten verharmlost. Die Täter sind fester Teil der Gemeinschaft, die sie mit ihrem Tun geprägt haben und weiter gestalten. In der Regel genügt der Besuch eines Fußballplatzes, um sich einen Eindruck davon zu verschaffen. Ich habe in der Nachbarschaft eines solchen gewohnt. Das Absingen des Horst-Wessel-Liedes nach erfolgreichen Auswärtsspielen, das besoffene Grölen des Hitler-Grußes, so was gehört bis heute zum Alltag. Nicht nur in Zehdenick.

Von Uslar verabschiedet sich von seinen neuen Freunden: »Es gibt mit diesen im besten Sinn nicht besonderen Jungs noch so unendlich viel zu besprechen.« Das Besondere, Auffällige stört den von seinem aufregenden Clubleben erfahrungsgesättigten Reporter. In seinen Worten: Es langweilt. Das unterscheidet ihn von seinen Gesprächspartnern. Sie hat das Besondere, Auffällige stets in Wut versetzt. Sie und alle anderen, die damals mitgemacht haben beim Abfackeln, Hassbrüllen und Demütigen, die heute behaupten, dass es sich so gehörte, haben die ethischen und kulturellen Grundlagen des Miteinanders in weiten Teilen des Landes geprägt. Angst essen Sprache auf. Verachtung kann zur Gewohnheit werden, Rassismus zur Konvention, Menschen durch die Straßen zu jagen zu einer Art Folklore. Wenn das Monströse alltäglich wird, erhält es den Anschein von Normalität. Dann ist auch die Frage, ob einer Nazi ist oder nicht, sinnentleert und erkenntnislos. Denn alles, was dazu gehört, ist längst in Fleisch und Blut übergegangen.

Auch wenn es stimmen sollte (fehlendes Mitgefühl und fehlende Reue sprechen dagegen), dass von den Porträtierten in von Uslars Artikel keine Gefahr mehr ausgeht, warum gibt er ihnen erneut eine Bühne, lässt sie die Geschichte schreiben? Warum unterstützt er sie aktiv dabei, sich öffentlich als Geläuterte zu präsentieren? Als grundsympathische ostdeutsche Jungs, die, als sie jung waren, eben mal ein bisschen die Sau rausgelassen haben. Hält er sie wirklich für glaubwürdige Zeugen? Oder interessiert ihn gar nicht, wie es war? Und wie es ist? Seine Faszination hat jedenfalls Konjunktur.

Der Sexappeal, der Thrill, der von den Neonazi-Helden der frühen Neunziger ausging, als sie zu Popstars und einem Massenphänomen avancierten, scheint sich nicht verflüchtigt, nur verwandelt zu haben. Was die sich trauten und weiter trauen – bei Pegida-Märschen, vor Flüchtlingsheimen, in den Parlamenten – trifft auf Neugierde, findet Gehör, weckt Verständnis. Man lässt diejenigen die Themen setzen, die auch daheim darüber bestimmen. Lässt sie urteilen und bewerten. So entsteht schwarz auf weiß ein Abbild der Situation vor Ort, in dem die in geschlossenen Weltbildern zu Feinden erklärten

Menschen von Mitgefühl und Solidarität ausgeschlossen sind. Wer lässt sich hier von wem die Welt erklären? Es gibt Dörfer, da sind sie schon weiter.

DIE WELT ZERFÄLLT AM WEGESRAND

Der Junge saß meist allein. Für sich. Am Tresen, wo die Einheimischen hockten. Bier trinkende Bauern, die neugierig das Treiben auf der Tanzfläche bestaunten. Er saß nicht unter ihnen. Eher dabei. Auf Abstand. Armlänge. Es war eine wilde Zeit. Nicht annähernd so wild, wie wir fühlten. Oder?

Treffpunkt Bushaltestelle. Vorn, am Ortseingang. Mopedgeknatter und Küsse. Oder wenigstens die Sehnsucht danach. Nach einer Hand. Einem Blick. Er war ich. War einer von uns. Einer von den Scheuen, mag sein. Aber was zählt das Draufgängertum der einen ohne die Schüchternheit der anderen? Wir waren gern dort, wo alle so sein durften, wie sie wollten. Fast.

Im Laufe der Jahre ist mir sein Gesicht abhandengekommen. Nur schemenhaft taucht es manchmal auf. Immer seltener. Auf dem Heimweg, beim Überqueren der regennassen Straße im Dämmerlicht. Im Zugfenster, wenn draußen vertraute Landschaft vorüberzieht. Zwischen den vielen, die warten. Dabei vergesse ich doch keine Gesichter. Was ist Wahrheit?

Ein ausgeblichenes T-Shirt. Ein Gesicht, das fehlt. Eine Stimme. Ein Mensch. Wenigstens ein Name.

Keiner erinnert sich. Keine. Nicht an diese Nacht. Nicht an ihn. Als wären wir gar nicht dort gewesen.

Sie schauen mich an, als sei ich verrückt.

Aber wenn ich es nicht bin, verrückt, dann sind es alle anderen. Oder?

Menschenscheu. Bummelletzte. Bis zum Scheitel im Gestern. Sitzen geblieben. Dort. Bei dem Toten.

In meinen Träumen sehe ich den Jungen an einen Kachelofen gelehnt. Mitten im Saal. Wölkchen vorm Mund. Ich sitze an einem der Tische, die aufgereiht an der Fensterfront stehen. Am letzten, dem vor der Bühne. Er sieht mich nicht. Er hat keine Augen. Ich schreie und wache auf.

Der Beschluss, in das Archiv zu fahren. Polizeiberichte. In großen, unhandlichen Ordnern sind die Ausgaben der Tageszeitung abgeheftet. Jahrgangsweise. Ich muss nicht lange suchen. 1992. Trotzdem sitze ich viele Stunden da. Blättere. Erkenne den Großen, den mit dem kalten Lachen. Auf dem Foto der Fußballmannschaft. Erkenne die Kicker. Davor. Danach. Die, die immer weiter treten. Ich springe: 95, 91, 98. Die Furcht, dass es stimmt. Die Furcht, dass es nicht stimmt.

»Am vergangenen Sonntag kam es in Klein-Mutz in der Gaststätte ›Wolfshöhle‹ zu einer Auseinandersetzung, die tödlich endete. Der 18-jährige Ingo L. aus Grüneberg trug Verletzungen im Gesicht, am Hals und am Körper davon. Der zu Hilfe gerufene Arzt stellte gegen 1.20 Uhr den Tod fest. Als Ingo L. am Boden lag, versetzte Oliver Z. ihm mehrere Fußtritte. Er trug sogenannte ›Doggs‹, Schuhe mit Eisenspitzen.«

1992. Es stimmt.

Es war nicht diese Nacht. Kein bewusst gefasster Entschluss, wenngleich ich später Gefährten begegnen sollte, die diesen Moment in der Rückschau für sich in Anspruch nahmen. Für mich stimmt das nicht. Und Zufall war es ebenso wenig, was mich zur Antifaschistin machte. Zur Zecke. Nestbeschmutzerin. Verräterin. Die Neunziger haben alle

Bänder zerschnitten, die losen wie die gewaltsam festgezurrten. Und sind nicht vergangen. Erinnerungen blitzen aus heiterem Himmel, mal aufgeladen mit Schrecken, mal mit Euphorie. Das Vorher-Wir, das uniformierte Schulhof-Wir, hatte sich rasch als anschlussfähig erwiesen. Erst unterfüttert, nun wieder überlagert, von einem anderen, andauernden, völkischen Gemeinschaftskult. Das Horst-Wessel-Lied passte schon immer besser zum Fahnenappell als »Bella Ciao«. Oder?

Warum macht einer mit? Warum sieht eine hin und klatscht Beifall? Warum schaut jemand anderes weg und schweigt? Bis die Mauer fiel, hatte ich nie aufgemuckt. Kopf runter. Und manchmal auch vorn gestanden. Die Losung des Tages verkündend. »Nie wieder Faschismus!«, zum Beispiel. Und meinte es so.

»Wenn ick nich lesbisch wär, hätt ick ooch mitjemacht.« Mitte der Nullerjahre des neuen Jahrtausends verblüffte eine Bekannte mit diesem Statement, beiläufig in die Runde gesprochen. Eine typische Mischung aus Künstlermenschen, Schülerinnen, die die Tage zählten, endlich wegzuziehen, Weltverbesserern in Warteschleife – alles »Zecken« – hatte sich da in einem Hinterhof einer brandenburgischen Kleinstadt versammelt. Einige waren aus Nazihochburgen wie Angermünde dorthin geflohen, in das Umfeld der kleinen Galerie und der dazugehörigen Wohngemeinschaft. »Wenn ick nich lesbisch wär, hätt ick ooch mitjemacht«, sagte sie und katapultierte mich damit geistig zurück in den kleinen Kreis von Antifaschistinnen, dem ich 15 Jahre zuvor angehört hatte. Wir waren uns zugelaufen. Angst und Einsamkeit hatten uns einander in die Arme getrieben. Nicht Gegner waren wir, nur Mitmachverweigerer. Kein geschützter Hinterhof zu finden weit und breit. Kein sicherer Ort. Keine Straßenecke, an der nicht Gewalt lauerte. Vielleicht die Räume der Jungen Gemeinde – nur denen fühlten wir uns entwachsen, da gehörten wir nicht hin. Also dieser eine Wohnzimmerboden. Beim Zivildienstleistenden. Abend für Abend hockten wir auf dem Sperrmüllteppich, tauschten

Informationen aus, Erfahrungen und Musik. Jüngere kamen dazu. Die gingen noch zur Schule, der wir gerade entronnen waren, und suchten unseren Schutz.

Die sich bald überregional organisierenden Neonazis, Rassisten und Frauenhasser waren nicht vom Himmel gefallen. Sie waren immer schon da gewesen, am Rand, auch mittendrin. Neu war die Wir-sind-ein-Volk-Offensive, waren die Uniformen, war der Zuspruch. Der gewaltige Rückenwind, der auf höchster politischer Ebene entfacht wurde, indem das Recht auf Asyl und mit ihm sein historischer Grund beschädigt wurden. Die Hemmungslosigkeit der Straße, die die Hemmungslosigkeit der anzugtragenden Abwickler widerspiegelte.

Ein Ausflug meiner Abiturklasse endete mit dem Versuch zweier Mitschüler, einen der Bungalows, in denen wir grüppchenweise übernachteten, anzuzünden. Die Mädchen, die drin schliefen, galten als »Linke«. Warum? Weil sie ihre Haare mit Henna färbten und Blümchenkleider trugen? »War nur ein Spaß«, hieß es am nächsten Morgen. Mit den beiden Zündlern war ich aufgewachsen, die kannte ich schon aus dem Kindergarten. Normale Jungs. Auch was sie taten, wurde zur Normalität.

Zum Beispiel Mike. Oft hatten wir Schulter an Schulter auf der Wohnzimmercouch der Neubauwohnung seiner Mutter gehockt und ferngesehen. Eigentlich sollte ich ihm Nachhilfeunterricht in Mathe geben. Aber wir schauten lieber »Mork vom Ork«. *Nano-Nano.* Mike war der größte in der Klasse, schon zweimal sitzen geblieben, und teilte sich ein Zimmer mit seiner großen Schwester. Ich bewunderte heimlich seine Muskeln. Seinen fehlenden Ehrgeiz. Bei uns zu Hause musste immer was geleistet werden. Tag und Nacht.

Oder Kai mit den schönen Augen, dessen Sommerbräune wir am Stadtstrand bewunderten. Bei den Sitzungen des Freundschaftsrats saß ich zwischen ihm und Oliver, dessen abstehende Ohren erröteten, sobald ihn die Pionierleiterin ansprach. Das Traditionszimmer roch nach Muff, Fahnen und Wimpeln unter gräulichen Staubschichten. Olis Vater sei ein hohes Tier »bei der Firma«, hieß es. Ich kapierte nicht. Auch nicht, was mit Oli, Kai und Mike dann passierte, warum sie dabei waren, bei dem Überfall auf die Disko. Warum sie zutraten. Warum zerfiel die Welt in Jäger und Gejagte? Fragen, die wir uns damals stellten. Fragen, die an Aktualität nie verloren haben. Die wir bis heute nicht beantworten können. Oder?

»Manche wollen so sein.«

Einer der Einpeitscher jener Jahre, er arbeitet heute im öffentlichen Dienst, rühmt sich, es sei ja alles ganz anders gewesen. Viel krasser. In den Kofferraum hätten sie die Zecke geworfen und ihm eine Schreckschusspistole an den Kopf gedrückt. Dann abgefeuert. Schräg am Kopf vorbei. Als mein Buch durch die Presse ging, prahlte er damit in großer Runde. Die Geschichte gelangte zu mir. Das sollte so sein. Fall ausermittelt. Akten fristgerecht entsorgt. Diese Gewissheit und der damit verbundene Mangel an Reue und Empathie für die Toten, Geschlagenen, Verletzten, Hinterbliebenen ist eine der Grundlagen für das Fortbestehen der Strukturen, Kameradschaften. Die offenen Geheimnisse. Die unheimlichen Siege. Eingeweihte. Korpsgeist.

Es gibt auch andere Beispiele. Manchmal tauchen Menschen bei meinen Lesungen auf, die sich ihrer Taten schämen. Das erste Mal erschrak ich, denn ich erkannte das Gesicht im Publikum wieder. Sofort war es zurück. Das Pochen. Die Panik. Dieses gehetzte Gefühl. Nur mit viel Routine rettete ich mich bis zum Ende der Veranstaltung. War er ein Spion? Hatte ihn jemand geschickt? Der Mann wirkte nicht weniger nervös, als er tatsächlich auf mich zutrat. Blicke, die sich gegenseitig fürchten. Gestotter. Was? Ein Autogramm? »Danke.« Das Pochen blieb.

Womit war es losgegangen?

Aufkleber. Gerüchte von heimlichen Treffen im Wald. Wer traf sich? Wozu? Dann Konkreteres: Es ist Sommer. Nacht. Ich sitze mit

Stevie, einem Gruftiejungen, in den ich ziemlich verliebt bin, im weichen Gras an einem Tonstich am Waldrand. Wir angeln und rauchen unterm Sternenhimmel. Ich hoffe sehr, dass er mich küsst. Stattdessen schwärmt er von einem Mädchen aus Leipzig. Wie sie aussieht, wo sie wohnt. Vorort. Scheißgegend. Sein Tonfall ändert sich. Zum ersten Mal höre ich von Nazis. Neonazis. Das klang wie: Zombies. Neozombies. Die würden einen jagen, bis man tot ist, sagt er und zieht eine kleine Plötze an Land. Zu klein. Ich verzichte auf Nachfragen.

Stevie war Antifa. So richtig. Vernetzt. Wusste Bescheid, nicht nur in Leipzig. Aber auch Jürgen, der Apfelmann, war Antifa. Niemand kannte sich so gut mit den Sorten aus. Und Norbert, der täglich die Todesanzeigen aus der Lokalzeitung schnitt und nach Ursachen forschte, war Antifa. Außerdem Umweltaktivist. Und Unioner. Ramona war Antifa. Sie organisierte eine Tauschbörse. Ich schnitt ihrem Nachbarn die Haare und bekam dafür ein Päckchen f6. Der alte Herr Ehrlich war Antifa. Die Nazis hatten ihn in ein Vernichtungslager gesteckt. Sein missmutiger Kommunistenkumpel vom Preis-Skat war Antifa, genauso wie Pfarrer Schmidtke. Dazu brauchten sie keine Uniformen. Es gab sie, die Leute, auf die Verlass war, die ihren Mund aufmachten. Es gab sogar ein paar Helden, die dazwischengingen. Die Prügel kassierten und Schlimmeres und am nächsten Tag noch mit Vorwürfen belegt wurden: »Was mischst du dich auch ein ...« Nach der Revolution ist Oberwasserzeit für Untertanen. Hinter den Gardinen steht keine Antifa. Die versteckt sich unter Büschen, nahe der alten Scheune, wo der Hass aus scheppernden Boxen dröhnt. Sie versteckt sich dort, weil die Polizei heute leider frei hat. Lasst uns wenigstens die Kennzeichen notieren. Den ahnungslosen Passanten da drüben warnen ...

»Wenn ick nich lesbisch wär, hätt ick ooch mitjemacht.« Hättest du? Ein Zuhörer sucht im Anschluss an die Lesung Kontakt.

Er bekennt sich, hat die Blaue Narzisse gelesen, diese rechte Postille aus Chemnitz. Ein merkwürdiges Gefühl von Stolz darin gefunden. Doch irgendwann habe er die Ausbrüche nicht mehr ertragen. Wenn es sich hochschaukelte, wenn Wut und Wahn und Angstlust nach Opfern suchten. Er spricht von seinem großen Bruder, einem Ex-Punk. Der säße im Rollstuhl, seit diesem Naziüberfall, Mitte der Neunziger. Doch darüber würden sie nicht mehr sprechen in der Familie. Zu viel Schmerz.

Als eine Zuhörerin vor der Tür des Buchladens förmlich zusammenbricht, bildet sich ein Kreis von Leuten um sie. Wir setzen uns auf das Pflaster und hören hin. Seit Jahren habe sie nicht mehr an die alte Freundin gedacht. Die war nicht lesbisch gewesen. Hatte sich Hals über Kopf in einen Nazi verknallt. Den Kontakt abgebrochen. War einfach abgetaucht. Zwei Jahre später dann ein Anruf ihrer Mutter. Anja sei an den Folgen eines der nächtlichen Gewaltexzesse ihrer Kameraden gestorben. Die Männer waren zu viert über sie hergefallen. Sie suchte nach Antworten, die Mutter. Und auch die Freundin, bis heute.

»Manche wollen so sein.«

Rohheitsdelikte. Die spiegeln die Brutalität des äußeren Geschehens ungefiltert. Kaltland. Gewaltland. Was unterschied uns? Wir alle waren die Töchter und Söhne von Bäuerinnen, Stasioffizieren, Reinigungskräften, Ziegeleiarbeiterinnen, Lehrern und Ingenieuren, von Angepassten, Abgestürzten, Aufgestiegenen, Widerständigen. Alle aufgewachsen im verinnerlichten Alltags-Grau einer begrenzten Welt. Mit Müttern, die beim leisesten Anflug des Gedankens an körperliche Zärtlichkeit gegenüber einer Frau erröten, sich empören, verhärten. Den eigenen Töchtern gegenüber. Deren Vorstellung von Männlichkeit sie in die Arme prügelnder Männer getrieben hatte. Mütter, die tagsüber im Betrieb so stark sein konnten, die Stirn boten. Und Vollsuff am Frauentag. Wo waren die Väter? Im Sportlerheim?

Vorm Fernseher? Sicherlich weit weg. Hauptsache, nicht reden müssen. Nichts fühlen. Nichts falsch machen.

Wir haben uns nie für bessere Menschen gehalten. Wem konnten wir denn helfen? Wen retten? Überzeugen? Erreichen? Wir waren schlichtweg zu wenige. Für den Mord in der Disko gibt es viele Zeugen. Der Saal war voller Menschen. Doch die Angst hat überdauert. Erst vor wenigen Jahren zog ein Familienvater seine Aussage gegenüber einem Journalisten des RBB zurück. Er fürchte um seine Kinder. Schließlich lebe er weiter Tür an Tür mit den Tätern. Bleiben und schweigen? Oder fortgehen und sich nicht umsehen? Es muss etwas dazwischen geben. Oder?

WIR WAREN MÄDCHEN IN EXTREMEN ZEITEN

»Ey, Gruftiealarm!« Das Mädchen mit dem merkwürdigen Haarschnitt lehnte aufreizend lässig an einer Bockwurstbude auf dem Bahnsteig. Sie war Teil einer Gruppe, die sonst nur aus kahlköpfigen Jungen bestand. Ich war mit Freundinnen unterwegs zur Ostberliner »Insel der Jugend«. Wir trugen Schwarz und dicken Kajal um die Augen. Wir näherten uns zögerlich.

1990. Es hatte mehr als nur ein neues Jahrzehnt begonnen. In den letzten Monaten war alles passiert, was passieren konnte. Mauerfall, freie Wahlen – demnächst noch Westgeld. Als wären Schule und Pubertät nicht anstrengend genug, mussten wir nun noch mehr lernen. Etwa, dass Skinheads nicht automatisch Nazis sind, wie mich ein Nachbar aufklärte. Ich war davon ausgegangen, weil auf dem Schulhof seit einiger Zeit Gerüchte von Keulen schwingenden Glatzkopfbanden kursierten. Woher sollten wir nun, an diesem Sonnabend auf dem Bahnhof Oranienburg, der schon seit den späten Achtzigern als Nazitreffpunkt berüchtigt war, erkennen, welcher Art von Skins wir hier gegenüberstanden? Die männlichen Glatzen schienen uns ignorieren zu wollen, aber das Mädchen ließ mich so wenig aus den Augen wie ich sie. Angriffslust.

»Starr nicht so hin«, raunzte mich Manu, die Älteste von uns, an. Ich begriff, zog den Kopf ein und fragte: »Was ist mit ihren Haaren?« Ich hatte das noch nie gesehen: oben Platte, unten Fransen. »Das heißt Federschnitt«, erklärte Manu. Ob die Bande uns Ärger machen würde, hinge von dem Skingirl ab. »Die machen, was sie sagt.« »Warum?« »Weil sie die Extremste ist.«

Wenige Wochen später wischte sich Manu den Kajal aus dem Gesicht und ließ sich ebenfalls eine Vogelfrisur schneiden. Wenn ich sie nun um die Ecke biegen sah, rannte ich wie ein Hase. Sie war die erste »Extremste« in unserer kleinen Stadt, nordöstlich von Berlin.

Damals verliebte sich André, der Sohn eines LPG-Vorsitzenden, in mich. Er schrieb mir lange Briefe und konnte toll küssen. Doch es funkte nicht. Ich machte Schluss, er schor sich die Haare und schloss sich der wachsenden Gruppe der Hitler-Verehrer an, die marodierend die Straßen unsicher machten. Der leise Junge mit den weichen Lippen hatte sich quasi über Nacht in einen skrupellosen Schläger verwandelt. Hatte ich das etwa angerichtet?

Die örtliche Diskothek war für uns tabu, nachdem Manu mit ihren neuen Freunden die Türpolitik bestimmte. Inoffiziell. Sie dominierten auch den einzigen Jugendklub. In anderen Städten passierte dasselbe. Jugendkultur war nun rechts, André und seine Kameraden die neuen Helden der Schulhöfe. Reihenweise verknallten sich die Mädels in sie, bewunderten ihre Muskeln, ihre Härte. Die sich häufenden Übergriffe auf nicht-weiße Vertragsarbeiter und Asylbewerber taten dem keinen Abbruch. Der völkische Wahn von Vorrechten »echter Deutscher« gegenüber »Ausländern« wirkte wie ein neuer Glaubenssatz. Kaum jemand widersprach. Und wenn, dann knallte es. Gewalttaten wurden beklatscht, als gelte das Leben der Anderen nichts.

Ich suchte Trost, verliebte mich in einen lockenköpfigen Jungen und musste bald erfahren, dass auch er dazugehörte. Er rühmte sich sogar, dabei gewesen zu sein, als das Asylbewerberheim brannte. Als auch meine beste Freundin von einer romantischen Verabredung unter der Reichskriegsflagge schwärmte, brach meine Welt zusammen. Statt nachzubohren, suchte ich mir eine neue beste Freundin. Wir trafen uns im dringenden Wunsch, auszubrechen. Im Stoßgebet: »Könnten wir nicht einfach lesbisch sein?« Nein, konnten wir nicht.

Die neuerliche Uniformierung schritt im Schatten der Privatisierung voran. Die DDR, Ort unserer Kindheit, gab es nicht mehr, dafür Streiks, Bauernproteste, Mahnwachen gegen Massenentlassungen. Als erstes traf es die Frauen. Während ich eine weiterführende Schule besuchen durfte, begegneten sich die ehemaligen Mitschülerinnen auf den Fluren der Arbeitsämter. Ihre Bewerbungen für Handwerksberufe wurden abgelehnt: »Wir stellen derzeit nur männliche Auszubildende ein.« Die Zahl der Beschäftigten sank von 9,7 Millionen im Jahr 1989 innerhalb von drei Jahren auf 6,7 Millionen. Hatten sich unsere Mütter und älteren Schwestern noch selbstverständlich in sogenannten Männerberufen – etwa als Traktoristin – beworben, hörten wir zum ersten Mal in unserem Leben vom Lehrberuf Hauswirtschaft. Kinderkriegen, kochen, putzen: Sähe so die Zukunft aus?

320 Kilometer entfernt, in Jena, bewarb sich zur selben Zeit Beate Zschäpe erfolglos um eine Lehrstelle als Kindergärtnerin. Auch sie hatte sich im Jugendklub in einen der Jungs mit den Springerstiefeln verknallt. Schon 1991 waren sie und Uwe Mundlos gemeinsam mit Kameraden über einen Betrunkenen hergefallen, hatten ihm das Nasenbein gebrochen. Ihre Mitschülerinnen lehrte sie ebenso das Fürchten: »Die hat mir alles abgenommen: Rucksack, Walkman, Schuhe ...«, berichtete mir Jahre später eine von ihnen im Anschluss an eine Lesung. »Ich hab mich nicht getraut, mich zu wehren. Die war so extrem.« Ich verstand sofort. Als mich seinerzeit Manu vor der Eisdiele abzog, erzählte ich nicht mal den Eltern davon.

Mitte der Neunziger drohte die Schließung zahlreicher Kindergärten aufgrund des dramatischen Geburtenrückgangs die Frauenarbeitslosigkeit dauerhaft zu zementieren. Männliche Jugendliche wurden in Arbeitsbeschaffungsmaßnahmen auf ehemaligen Truppenübungsplätzen der Roten Armee eingesetzt. Zur Kampfmittelberäumung. Es lag heiße Wut in der Luft, entlud sich an Dingen und Menschen. Wegen der nächtlichen Randale schafften sich die Bewohner der Innenstadt sichere Rollläden an. Manu und ihre Kameraden verteilten NPD-Aufkleber, schlugen vermeintlich Linke und Unangepasste zusammen und organisierten Wehrlager in der Nähe stillgelegter Werke.

Vor dem Rathaus unserer Stadt agitierte eine Lehrerin, Schilder in die Luft haltend, die Leute mit ihrem Kommunistenhass. Alles Stasi. Terror-Regime. Nicht, dass wir Agitation nicht gewohnt waren. Und ja, vieles war Lüge, Unrecht, Ideologie gewesen. Doch der heilige Zorn, der aus ihren Auftritten sprach, verblüffte. Beim Wort »Terror« ploppten bei mir die hassverzerrten Gesichter meiner ehemaligen Freundinnen und Freunde auf. Und bei »Stasi« das freundliche Lächeln des Verfassungsschutzbeamten, der mich auf dem Schulweg wie zufällig nach ihnen ausgefragt hatte. Durch unser aller Köpfe schien ein Riss zu laufen. Feindschaft wurde etwas sehr Konkretes. Kameradschaft auch. Vor der versammelten Bürgerschaft verkündete die Lehrerin später: »Ich vermache mein Hab und Gut der NPD.«

Doch auch wenn Manus Kameraden nichts von ihr erbten, sich schließlich zerstritten, auflösten, blieb viel von dem, was damals geschah, in Köpfen und Körpern hängen. Äußerlich ist die Gesinnung meist nicht mehr zu erkennen. Einige der Mädchen von damals engagieren sich heute bei Pegida-Ablegern und für die AfD, fordern: »Todesstrafe für Kinderschänder«, nennen sich »Lebensschützer«, leben in Eigenheimen am Waldrand oder in Armut, protestieren wieder gegen Flüchtlinge. Viele gingen für immer fort. Andere gründeten

Familien, orientierten sich neu, wollen nicht erinnert werden. Können sich nicht erinnern. Sagen, das alles habe es nie gegeben. Zu viel Schmerz. Zu viel Schuld. Zu viel Scham. Zschäpe wird der Prozess gemacht. Wir alle kannten Mädchen wie sie. Die keine Mädchen mehr sind. Und eine neue Generation von Mädchen erziehen.

UNTERM GRAS DIE KNOCHEN

Der Krieg schmeckte nach dem abgeknabberten Ende meines Bleistifts. Dafür gab es Stubenarrest, weil man die Dinge achten soll. Auch den Bleistift. Kauend hatte ich im Geschichtsunterricht hinten links in der letzten Reihe gesessen und mich in der Betrachtung des Zeitstrahls verloren: Urgesellschaft. Sklavenhaltergesellschaft. Schritt für Schritt ins Paradies. Das Vorwärtskommen schmerzhaft. Verlustreich. Im Kampf. Im Krieg. Draußen, auf dem Schulhof, quälte sich ein älterer Jahrgang Runde um Runde durch die Sommerhitze immer um den Fahnenmast herum. Man konnte gar nicht hinschauen, so schwitzten sie unter ihren Gasmasken. Würden wir alle für immer Soldaten sein?

Opa war desertiert. Entkommen. Mit Glück. Er wusste genau, wo er die anderen zum letzten Mal gesehen hatte. Alle Hitlerfans wie er. Freiwilliger »Volkssturm«. Viele Jahre lang fuhr er immer wieder hin. Immer am selben Tag. Zu der Scheune, in der sie dem Todesmarsch begegnet waren, den ausgemergelten, erniedrigten Frauen. Zu der Scheune, in der er damals einem lebensentscheidenden Impuls gefolgt war. Jedes Mal hatte er gehofft, jemanden zu treffen. Vergeblich. Einmal habe ich ihn direkt gefragt, am Kaffeetisch, an meinem zwanzigsten Geburtstag: »Opa, wo bist du eigentlich im Krieg gewesen?« Starres Entsetzen bei Eltern, Onkel, Tanten. Wie konnte ich bloß! Opa aber schaute nur kurz auf und redete los. Wollte gar nicht mehr aufhören. Nichts war für ihn vorbei. Gar nichts. So wenig wie für mich. Die Mauer war gefallen. Das System gestürzt. Die Welt auf den Kopf gestellt. In den Kinderzimmern der Nachbarschaft flimmerten wieder die alten Wochenschauen. Jungs mit Hakenkreuz-Tattoos jagten nachts Menschen durch die Innenstadt, pissten tagsüber auf die Gräber der Sowjetsoldaten. Ich fragte mich, wer wir geworden waren. Warum?

Eine frühe Erinnerung: Reifen auf Asphalt. Fahrräder über Fahrräder und doch keine Friedensfahrt. Ich sitze vorn im Kinderkorb. Mit Übersicht. Mutter steuert uns durch die Menge der Werktätigen, die aus allen Teilen der Stadt zur Arbeit strömen. Der helle Klang der Klingeln, die kurz anschlagen, wo immer eine Unebenheit die Straße prägt, dazwischen Raucherhusten, leise Grüße. Ich friere. Das liegt daran, dass ich noch gar nicht wach bin.

Dann Salutschüsse. Alle Räder stehen still. Tauben steigen in den blauen Himmel. Wir sind eine Demonstration. Wir alle, auch die Kinder. Hoch die rote Fahne. Es muss ein Erster Mai sein. Kampftag. Aber gegen wen? Mutter steht jetzt ganz vorn in ihrer Uniform. Unter der Fahne. Ich kann sie nicht erreichen. Sie ist jemand anderes, sieht mich nicht. Nur den Himmel und die Fahnen und ob auch alle Kinder tun, was sie von ihnen verlangt. Ich gehöre nicht dazu. Noch nicht.

Meine Kindheit war wie Erde in Mund, Ohren und Nase. Eine Welt aus Geheimnissen von Erwachsenen. Eine Welt, in der du nichts verstehst, dein Wort nichts gilt. Eine Welt, in der Höllengestalten wie Jummiohr den Weg wiesen. Jummiohr, der aus dem Krieg, von dem alle so laut schwiegen, dass er stets allgegenwärtig blieb, mit einem Ohr weniger zurückgekehrt war. »Starr nicht hin, Kind! Das war der Krieg.« Und die Sowjetsoldaten hatten im Wald ihre eigene Stadt. Wegen des Krieges. Manchmal konnten wir Schüsse hören. Furcht spüren. »Halt den Mund, Kind, das verstehst du nicht.«

Omi ist das piepegal. Ob einer versteht. Sie erzählt gern Geschichten. Ich mag es, mich zu gruseln. Und ihr Vorrat scheint unerschöpflich zu sein. Wenn sie von früher spricht, ist es immer Winter. Immer Krieg. Und sie weint dabei, sagt »Russen« und meint Sowjetsoldaten. Manche Frauen hätten danach nicht mehr leben wollen. Nach den Russen. Aber das verstehe ich ja noch nicht. Sagt sie und redet weiter. Nächste Geschichte. Verstehe ich auch nicht. Nächste Geschichte. Erzähl noch mal die mit dem erfrorenen Pferd.

Ein greller Erinnerungsfetzen: Am Ehrenfriedhof, dicht bei den Gräbern, hocke ich und halte nach einem bekannten Gesicht Ausschau. Nach jemandem zum Spielen. Ich stochere mit einem Stöckchen im Gras, stoße auf etwas Helles, Ungewöhnliches. Als ich die obere Schicht durchstoße, schlägt mir ein so übler Gestank entgegen, dass ich mich fast übergeben muss. Mit zugehaltener Nase inspiziere ich die Stelle erneut. Tausende kleiner Maden wimmeln in alle Richtungen durchs Gras. Mein Schreien weckt die Hunde aus dem Mittagsschlaf. Ihr lautes Gebell begleitet meine Gewissheit, einen der Toten ausgegraben zu haben.

Später, auf dem Schulhof: KZ-Witze. Das Lager Ravensbrück liegt ganz in der Nähe. Man fährt nur hin, wenn man muss. Wer hat Angst vorm Schwarzen Mann? Kein Kinderspiel. Sie jagen wieder. Ich ducke mich. Wie alle anderen. Und kann es nicht vergessen. Vergessen. Vererbt sich das? Die allermeisten können es doch sehr gut. Erinnern sich weder an die Angstschreie noch an das, was zuvor oder später geschah. Die aber, die sich erinnern können, die treffen sich. Auf den Bahnhöfen Osteuropas. In Antiquariaten. Auf Flohmärkten. Sie durchstreifen Gassen und Markthallen, vertrauten Gerüchen hinterherjagend. Fahren Jahr für Jahr an den alten Ort und hoffen, es kommt einer zurück. So wie Opa.

Es sind die Sonntage, die bleiben. Wenn die Arbeit ruhte, die Mutter mich nicht vor Sonnenaufgang weckte und durch die Kälte zum

Kindergarten fuhr, wo gegessen wurde, was auf den Tisch kam. Die Tage, an denen Vater den Gemüseladen geschlossen halten und einfach liegen bleiben konnte. Meine älteren Cousins reparieren mit ernsten Mienen ein Moped im Hof. Und ich bin frei. Darf alleine raus, denn der Hund ist ja bei mir. Menschen lächeln über Fensterbänke hinweg. Es fährt kein Auto. Nur das Pferdegespann des alten Fuhrunternehmers, der niemals frei hat, erschüttert die Ruhe mit Hufgeklapper. Im Rotdorn piepen Vögel. Die Angler am Fluss lassen mich bei ihnen sitzen. Aber nur, wenn der Hund still ist. Ein Militärkonvoi der Roten Armee überquert die Brücke. Der Beton vibriert. Verächtliches Ausspucken. Geballte Fäuste. Der Hund will nach Hause. Zu Oma.

Mit dem Schulbeginn kam die Pflicht. Kam der Zeitstrahl. Aufgaben pflasterten den Weg in eine glorreiche Zukunft, die man sich als Kind höchstens als fernen Planeten vorstellen kann. Wir marschierten über frisch abgeerntete Rübenfelder, warfen Handgranaten im Sportunterricht und sangen Lieder, die ein Morgen beschworen, an das kein Erwachsener mehr glaubte. Bis auf die Musiklehrerin vielleicht. Und die Mutter natürlich. Die Tränen der alten Kommunisten in den Klubs der Volkssolidarität galten ihren Erinnerungen und Träumen aus anderen Zeiten, die wir singend beflügelten: »O lasset uns im Leben bleiben, weil jeden Tag ein Tag beginnt. / O wollt sie nicht zu früh vertreiben, alle, die lebendig sind.«

Wenn sie von Lagern und Widerstand erzählten, konnten wir den Krieg fühlen. Den Stacheldraht. Die Angst. Manchmal spielten wir ihn auch nach. An den Gepettos. Einem alten Ehepaar, das aufgrund des fremd klingenden Namens, seiner ärmlichen Behausung und des zurückgezogenen Lebens die missbilligende Neugier der Provinzbewohner auf sich zog, sodass wir Kinder straffrei unsere makabren Späße mit ihnen treiben konnten. Kleine Vollstrecker. Wir warfen Steine auf die hölzernen Fensterläden. Wenn der Alte dann, vor

Empörung und Angst zitternd, hinaustrat, lachten wir. Gemein und skrupellos. Am Abendbrottisch wurde uns meist verziehen. Wer war nicht mit solchen Scherzen aufgewachsen? Als gelte es, eine Grundhärte zu erlernen. Mitgefühl zu verlieren.

Manöver Schneeflocke. Ein Gewaltmarsch, sagen sie. Der Wind dringt durch alle Kleidungsschichten. Es fällt schwer, den Kompass zu halten. Wir kriechen durch das Dickicht. Klettern auf Bäume. Bestimmen Pflanzen und folgen einer Spur. Wir sind die Guten, klar. Der Feind sind die Anderen. Die, die nicht wir sind. Bevor die verkochten Erbsen mit Schwung in der Schüssel landen, muss gesungen werden. Laut und siegesgewiss.

1989. Die Republik wird 40. Wir wirken verloren auf den Fotos von damals. Eingeschüchtert. Keine Kosmonauten eines besseren Morgen. Zurückgebliebene. Das Geschichtsbuch, das ich nach den Sommerferien in den Händen halte, ist der Epoche des Übergangs vom Kapitalismus zum Sozialismus gewidmet. Es endet mit der Gründung der DDR. Doch bevor wir so weit sind, bricht die Mauer. Mit ihr die Welt. Was geschieht, ist nicht zu begreifen. Die unheimlichen Beschleunigungskräfte saugen Zombiewut aus dem Pflaster, den Ritzen der Dachböden und Geheimverstecken in Kellern. Der Krieg – eben noch eingeschlossen in den Knochen der Alten – scheint wieder hervorzubrechen. Aus unseren jungen Körpern. Einige werden sich die alten Zeichen auf die Hände stechen lassen. Werden brandschatzen und morden. Andere, wie ich, suchen in den Partisanenromanen nach Verbündeten. Und wieder andere werden ganz schnell erwachsen, ziehen gen Westen. In eine neue glorreiche Zukunft. Auf einen anderen fernen Planeten. Wir werden uns später kaum wiedererkennen. Die, die hinausgingen, und jene, die immer dageblieben sind. Über unseren Krieg sprechen wir nicht. So wenig wie die Alten über ihren. Und die Welt dreht sich einfach weiter, ganz ohne Zeitstrahl.

»Die Fahne hoch. Die Reihen fest geschlossen.« Sie singen das laut und siegesgewiss. Die Fußballer der Stadt. Noch immer. Es ist nicht zu überhören und wird doch nicht gehört. Im Nachbarort das gleiche Spiel. Als sich eine Anwohnerin beschwert, errichtet der Verein eine Schallschutzwand zwischen ihrem Haus und dem Fußballplatz. *Weitersingen, Männer!*

Beim Familiengeburtstag lässt ein satirisches Lied Friedrich Hollaenders, er hatte es 1931 für eine Berliner Kabarett-Bühne geschrieben, die Gäste am Kaffeetisch erblassen. Der Damenchor singt:

An allem sind die Juden schuld!
Die Juden sind an allem schuld!
Wieso, warum sind sie dran schuld?
Kind, das verstehst du nicht, sie sind dran schuld.

Nach Sekunden entsetzter Stille bricht schrilles Gelächter los. Auf dem Heimweg wird mir klar, dass, solange ich denken kann, noch nie das Wort Jude in dieser Runde gefallen ist. Es wird verschluckt, so wie ein Kind Schimpfworte, die es auf dem Schulhof gelernt hat, in Anwesenheit seiner Eltern verschluckt. Gäbe es einen Platz für verbotene Wörter, stünde das Wort Rassismus nicht fern. Immer die Angst, etwas Falsches zu sagen. Denken, dass das verboten sei. Jene bewundern, die »die Wahrheit« aussprechen. Die Platte hat einen Sprung. Krieg beginnt im Kopf. Seine Verheerungen prägen Gedanken und Gefühle der Menschen über Generationen hinweg. Es ist schwer, dafür eine gemeinsame Sprache zu finden, die niemanden ausschließt, die alle betrifft. Viel schwerer, als Ruinen wieder zu errichten, Innenstädte in Pastellfarben anzustreichen und Gedenktafeln einzuweihen.

Ende der Neunziger legen Schülerinnen und Schüler den jüdischen Friedhof in meiner Heimatstadt wieder frei. Sie machen sich gemeinsam mit ihren Lehrern auf Spurensuche. Kurz darauf wird der Friedhof von anderen Kindern der Stadt geschändet. Wieder aufgebaut. Unter Denkmalschutz gestellt. Der Ort ist nicht frei begehbar. Ein Schlüssel zur Besichtigung liegt im Fremdenverkehrsbüro.

»Vorsichtig und verschlossen sind Väter, Mütter und Kinder im Dritten Reich. Meist leben sie nebeneinanderher wie Fremde oder wie Feinde«, schreibt Erika Mann in ihrem Buch »Zehn Millionen Kinder«, das sie über Erziehung im Nationalsozialismus verfasste. Offensichtlich war die DDR, das Land, in dem ich aufwuchs, ein Ort, der solcherlei Misstrauen noch zu vertiefen vermochte. Offenbar ist bis heute nichts vergangen. Auch wenn der Zeitstrahl längst auf dem Müll gelandet ist. Der Kampf um Deutungshoheit bestimmt die Gespräche beim Bäcker. Alle wollen Recht behalten. Einigkeit herrscht nur im Pessimismus.

2019. Opas neunzigster Geburtstag. Mit großer Gelassenheit sitzt er inmitten der Kinder, Enkel und Urenkel. Er lacht viel. Genießt die Sonne und Gesellschaft. Nach wie vor geht eine große Lebendigkeit von ihm aus, allen Verlusten, Rückschlägen, Katastrophen zum Trotz. Er nennt die Dinge beim Namen, pflegt seine Geheimnisse und freut sich noch immer jedes Jahr auf den Mai: »Das ist die beste Zeit.«

Die Band spielt »Capri Fischer«.

IM SCHÖNSTEN WIESENGRUNDE

Anfrage an den Sender Jerewan:
Stimmt es, dass der Kapitalismus am Abgrund steht?

Antwort: Im Prinzip ja, aber wir sind bereits
einen Schritt weiter.

Als Victor Ivanovich Nikitin gemeinsam mit dem Alexandrow-Ensemble beim Friedenskonzert im August 1948 am Berliner Gendarmenmarkt »Im schönsten Wiesengrunde« anstimmte, weinte die zerstörte Stadt. »Unter jedem Dach ein Ach«, hieß es damals. Und dort, an diesem Sommertag im Schutt, mag mancher still für sich gedacht haben, dass es nun endgültig vorbei sei mit dem Krieg. Für den Moment war »der Russe« kein Feind mehr, sondern dieser großartige Sänger, der sich die Mühe machte, den deutschen Menschen ein Lied vorzusingen, in ihrer Sprache. Das Konzert wurde im Radio übertragen und erreichte so Millionen Ohren. Meine Großmutter heulte, wenn sie nur daran dachte. Aber zum Heulen war ihr eigentlich immer zumute, wenn sie vom Krieg und seinen Folgen sprach.

An einem sonnigen Nachmittag war es auch, sie saß auf ihrer blauen Plüschcouch und strickte an einem Westover, dass sie mir von ihrer Freundin erzählte: »Die sind jede Nacht über sie drüber.«

Irgendwann sei die Freundin auf der Flucht zurückgeblieben. »Zum Sterben«, erklärte meine Oma, ohne dass ich danach gefragt hätte. »Mich haben sie verschont, ich hatte ja das Kind dabei. Die waren sehr kinderlieb.« Ich war zwölf und verstand diese Geschichte als eines unserer vielen, kleinen Geheimnisse. Später, als sie meiner Schweigsamkeit gewiss sein konnte, erzählte sie mir von einem jungen Soldaten: »Ein Russe, noch Grün hinter den Ohren.« Sie saß mit dem dreijährigen Jungen, der Mama zu ihr sagte, aber nicht ihr Sohn, sondern eine der vielen Kriegswaisen war, in einem Berliner Keller, versuchte Nahrung aufzutreiben, zu überleben und herauszufinden, wo ihre Familie geblieben war, ob und wo die Eltern und Geschwister noch lebten. »Da war eine Eckkneipe. Gab's immer Freitag was zum Essen.« Meine Oma hatte einen Verehrer unter den dort Beschäftigten. »Hinter der Theke war so eine Luke, da ging's steil runter zu die Fässer.« Sie lockten den Jungen mit Zigaretten. »Dann haben die ihn da runtergeschmissen und am nächsten Tag gab es Kaninchenfleisch.« Die Oma strickte, heulte und ihre Tränen tropften auf die Wolle. Ich schwieg verwirrt und ging erst mal an die frische Luft.

In meiner Kindheit gab es jede Menge »Russen«. Riesige Waldareale waren abgesperrt und nicht nur Pilzsammler fluchten über die Zäune, Mauern und Verbote. Die militärische Nutzung großer Teile seiner Fläche hat in Brandenburg Tradition, was es nicht besser macht, im Gegenteil. Kasernenkomplexe und Truppenübungsplätze auf märkischem Sand, daran gewöhnt sich kein Bauer und wenn, dann nur, weil er davon profitiert. Der Unterschied zwischen der offiziellen DDR-Darstellung und dem tatsächlichen Verhältnis zu den kasernierten »Russen« konnte kaum größer sein. Nur wir Kinder bewunderten die Soldaten in ihren Parade-Uniformen, ihren mehrstimmigen Gesang, die glänzenden Instrumente und Waffen. Zum Tag der Befreiung gab es schulfrei, wir konnten die Zeremonie verfolgen und den Tag im Mai unter freiem Himmel verbringen statt drinnen, beim Matheunterricht. Bei jedem Salutschuss freuten wir uns diebisch auf die anschließende Suche nach den leeren Patronenhülsen.

Am 7. Oktober 1974, ich befand mich schon im Anflug auf die Erde, meine Mutter kämpfte mit den ersten Wehen, war die Verfassung der DDR um Artikel 6, Absatz 2 ergänzt worden: »Die Deutsche Demokratische Republik ist für immer und unwiderruflich mit der Union der Sozialistischen Sowjetrepubliken verbündet. Das enge und brüderliche Bündnis mit ihr garantiert dem Volk der Deutschen Demokratischen Republik das weitere Voranschreiten auf dem Wege des Sozialismus und des Friedens.«

»Freundschaft!«, riefen die tiefen Stimmen der FDJler beim Fahnenappell. Wir Pioniere piepsten: »Immer bereit!« Das klang erhebend, so aus sechshundert Kehlen gebrüllt, doch es bedeutete nichts. Die deutsch-sowjetische Freundschaft in ein Gesetz zu gießen, hieß letztlich, sie aufzugeben. Das galt für beide Seiten.

> Die Lehrerin versuchte uns zu überzeugen, dass die DDR genauso ein Land wäre wie unseres, nur ein bisschen Probleme mit Berlin-West hätte sie und eine schwierige Grammatik, dennoch sei das immer noch besser als zum Beispiel Ungarn, wo von Grammatik überhaupt nicht die Rede sein könne. Jedoch blieben all diese Versuche des sowjetischen Bildungssystems, uns das sozialistische Brudervolk in seiner ganzen natürlichen Attraktivität, mit seinen zwar zahlreichen, aber wenig störenden Schwächen zu zeigen, ohne großen Erfolg.

So beschreibt der ukrainische Dichter Serhij Zhadan, wie ich Jahrgang 1974, seinen Eindruck von dieser »Völkerfreundschaft«. So wie wir in Russisch unterrichtet wurden, hatte er in der Sowjetunion Deutsch zu lernen:

»Wie heißt du?«, spielten wir die Dialoge im Deutschunterricht nach.
»Ich heiße Hans«.
»Was ist dein Hobby?«
»Mein Hobby ist Sport. Und wie heißt du?«
»Ich heiße Marta«, antwortete die Klassenkameradin.
»Was ist dein Hobby?«
»Mein Hobby ist auch Sport.«
Ein Gespräch zwischen Menschen, die sich offenbar abgrundtief misstrauen.

Auch wir paukten die Vokabeln, bildeten sinnlose Sätze und imaginierten ein Gegenüber ohne Konturen. Der Sowjetbürger war ein unbekanntes Wesen, dem die Russischlehrerin und der ein oder andere Vater schon mal an der »Trasse der Freundschaft« begegnet waren, aber sonst? Wir spürten die Militärkolonnen regelmäßig vorbeifahren, hörten das Geschirr in den Anbauwänden tanzen und manchmal knallte es nachts, vom Wald her. »Die Russen«, hieß es dann, und: »Das arme Schwein.« Aber was das bedeuten sollte? »Das arme Schwein!«, hörte ich die Leute auch rufen, nachdem ein Militärfahrzeug mitten am Tag in ein Wohnhaus hineingedonnert war. Gegenüber arbeitete damals meine Großmutter in einem Obst- und Gemüseladen der HO. Sie war als eine der ersten vor Ort und sorgte sich sehr um Frau Krüger, in deren Wohnzimmer nun das Russenfahrzeug stand. Frau Krüger war unverletzt geblieben. Sie würde nur nie wieder angstfrei fernsehen können, der Fahrer aber, ein junger Kasache, war auf der Stelle tot.

Ein andermal hielt quietschend und hupend ein grüner Pritschenwagen vor unserer Haustür. Sechs Soldaten saßen an Deck, gestikulierten und lachten aus ihren Steppengesichtern. Schließlich schmissen sie unseren Hund, einen Ausbrecherkönig, der seit Tagen vermisst wurde, in den Hof. Er winselte kurz und verkroch sich in seiner Hütte. Mein Vater, in deutsch-sowjetischen Geschäften erfahren, reichte dem Trupp eine Flasche Goldkrone auf die Ladefläche. Fröhliches Gejohle. Mit quietschenden Reifen fuhr die Mannschaft wieder zurück in ihre Kaserne. Druschba. Es dauerte volle drei Tage, bis sich der Hund wieder seiner eigentlichen Bestimmung besann und erneut davonrannte.

Beim Angeln konnte es passieren, dass die Fische morgens mit aufgeblähten weißen Bäuchen am Ufer trieben. Tot. Dann hatten »die Russen« wieder irgendwelchen Dreck in den See abgelassen. Wir Kinder zuckten mit den Achseln und bauten stattdessen Buden am Waldrand, wo kyrillische Buchstaben, in Birkenborken eingeritzt, unsere Neugierde weckten, wie Grüße aus einer fremden Welt.

Jede der uns umgebenden Kasernenanlagen hatte ein Loch im Zaun, durch das unsere Väter, Onkel, die großen Brüder und Schwestern mit leeren Händen hinein- und gefüllten Taschen wieder herauskrabbelten. Der Handel blühte. Auch mein geschäftstüchtiger Vater machte sich Freunde jenseits des Zauns und unversehens erreichte uns eine Einladung zum Essen bei einer der Offiziersfamilien. Ungläubig durchschritten wir das Treiben in der Militärstadt, beobachteten marschierende Soldaten, Jungpioniere mit Schleifen im Haar, Offiziersgattinnen auf dem Weg zum Friseur. Da waren sie, die Sowjetbürger, direkt bei uns im Wald! Das Essen war eine Wucht. Irritierender noch als den allgegenwärtigen Geruch von Knoblauch empfand ich den verschwenderischen Umgang unserer Gastgeber mit Butter: Zerlassene Butter, geschlagene Butter, geschnittene Butter, Butter in, auf und um alle Gänge herum. Das Hüftgold der Gastgeberin, ihr glockenhelles Lachen bleiben mir unvergessen.

Ein paar Wochen später donnerte ein Jagdflugzeug der »Russen« gegen den denkmalgeschützten Wasserturm am Ortseingang. Pilot tot, Turm kaputt. Der Anfang vom Ende.

Am Nachmittag des 19. November 1988 begann Silke Hasselmann, Moderatorin beim Jugendradio DT64, ihre Sendung mit der Bemerkung: »Ein Sputnik ist heute abgestürzt.«

Für einen kurzen Moment schien es noch einmal, als wehe ein frisches Lüftchen über die Äcker, als gäbe es doch einen Tropfen Blut in der ollen Mumie der deutsch-sowjetischen Freundschaft: »Von der Sowjetunion lernen heißt siegen lernen!« In Schwerin konterten aufmerksame Zeitgenossen das Verbot der Zeitschrift Sputnik, deren aktuelle Ausgabe unter anderem den Hitler-Stalin-Pakt thematisiert hatte, indem sie einen zur Erinnerung an den Sieg der Roten Armee umfunktionierten T-34-Panzer bepinselten: »Befreit uns noch mal!« und »Perestroik(a)«.

Dann: Friedensmessen. Montagsdemos. Mauerfall. Jubel. Die Welt lag nun im Westen.

Noch im April 1989 war der Kosmonaut Sergei Krikaljow als Held der Sowjetunion dekoriert worden. 1991 flog er erneut ins All und erfuhr dort vom Zusammenbruch seines Landes. Die Turbulenzen auf der Erde sorgten dafür, dass er unfreiwillig länger bleiben musste. »Unsere hauptsächliche Sorge war, unser Programm abzuarbeiten. Wir haben zwar ab und zu Nachrichten bekommen, aber wir wollten einfach nur ordentliche Arbeit abliefern.« So klang er, der letzte Sowjetmensch.

Schon ein Jahr zuvor, am 6. Juli 1990, sah sich DDR-Verteidigungsminister Rainer Eppelmann erstmals gezwungen, von Gewalttaten gegen sowjetische Militärs zu berichten. Die Zusammenstöße seien nur darum glimpflich verlaufen, weil Offiziere ihren Soldaten vorher die Waffen weggenommen hätten. Serhij Zhadan werden solche Nachrichten kaum überrascht haben:

Die Illustrationen in den Schulbüchern zeigten die Bürger der DDR als sorglose Männer in geckenhaften karierten Sakkos oder aber als lächelnde Fräuleins mit gewagter Frisur. Außerdem waren in den Fibeln eine Unzahl von Schülern abgebildet, kaum aber ältere Menschen, aus dem einfachen Grunde, weil die Menschen in der DDR nicht alterten, sondern sich auf lange Zeit ihren frischen Geist und biegsamen Körper bewahrten. Wie Elfen. Oder Zombies.

Die Rote Armee war besiegt und die Nazis zurückgekehrt. Sie stiegen nicht aus Gräbern, vielmehr schienen sich ihre Geister der Körper und Köpfe ihrer Enkel und Urenkelinnen bemächtigt zu haben. Sie schmissen Molotow-Cocktails über Kasernentore, jagten uniformierte und zivile »Russen« in rasender Wut aus Gaststätten und Diskotheken, verprügelten sie, zündeten sie an, warfen Leute aus Fenstern. Ihre Omis und Opis sangen derweil heulend »Im schönsten Wiesengrunde« bei den Treffen der neu gegründeten Landsmannschaften, wo überhaupt viel geweint wurde. Meine Großmutter fand, dass sich das nicht gehörte, so in der Öffentlichkeit. Sie starb in der Anonymität eines Krankenhauses. Wenigstens war es ein kleines Krankenhaus am Waldrand. Ich bilde mir ein, sie hat die Piepmätze noch singen hören, und die singen bekanntermaßen überall gleich.

Am 31. August 1994 schien wieder die Sonne überm Gendarmenmarkt, strahlend. Schön. Es hieß, Genosse Jelzin sei nicht ganz nüchtern gewesen. Wollte man ihm das verübeln? Nach 49 Jahren verließen die letzten der einst etwa 550 000 Personen umfassenden Streitmacht auf deutschem Boden das Land. Manöverdonner und illegaler Müllverkippung zum Trotze hinterließen sie gigantische Areale vollkommen unberührter Natur mit in Europa bis dahin als ausgestorben geltenden Arten. Im schönsten Wiesengrunde leben nun Wiedehopf und Wolf, Rotbauchunke und Fischotter, Heidschnucke und Ziegenmelker, Italienische Schönschrecke, Dünen-Springspinne, Erdeule, Bläuling und Widderchen fröhlich vor sich hin.

Zum Abschied trug die Ehrenformation der russischen Streitkräfte ein neues, ein anderes Lied vor: »Deutschland, wir reichen Dir die Hand / Und kehren zurück ins Vaterland / Die Heimat ist empfangsbereit, / Wir bleiben Freunde allezeit.«

Schlimmer kann man es nicht beschreiben.

KEIN ABGESCHLOSSENES KAPITEL (ERINNERUNGEN ALS ROHSTOFF DER GESCHICHTE)

> Ich such' die DDR und kommt sie zurück zu mir
> (Verzeih' ich ihr).
> *Feeling B, 1991*

Die deutsche Republik, der die Mutter, wie sie zu berichten nicht müde wird, »alles verdankt«, feierte im Jahr meiner Geburt ihr 25. Jubiläum. So bin auch ich eine Hineingeborene. Die Großeltern waren zwischen zwei Weltkriegen im Land der Täter aufgewachsen, hatten ihren Teil zur Vernichtungsmaschinerie beigetragen, ob marschierend, schweigend, duldend oder durch Verleugnung. Mit ihrer Heirat am 7. Oktober 1949, dem Tag der Gründung der DDR, hatten sie ein Zeichen setzen wollen. Für ein neues Deutschland. Ein besseres, davon waren sie überzeugt. Auch wenn die Kollektivierung des kleinen Hofes mitsamt Kühen und Hühnern schmerzte, so sollte es doch wenigstens keinen Herren mehr geben, der über Leben und Tod der Untergebenen entscheiden könne. Weder auf Erden noch im Himmel.

Die Kinder lernten gut, erklommen die Treppen, die im Arbeiter- und Bauernstaat zu Lohn und Brot und guten Posten führten.

Urlaub, Auto, Farbfernsehgerät – kleine Träume wurden Wirklichkeit. So verging die Zeit, verlor sich die Aufbruchstimmung, wich einem wachsenden Berg von Enttäuschungen. Großmutters Rente war ein Witz, über den keiner lachen konnte. Opa ging sicherheitshalber wieder zur Kirche. Vater und Mutter hatten sich eingerichtet. Kleines Haus, sichere Anstellung, eine Republikflucht wäre ihnen als Verrat erschienen. Viele Nachbarn sahen das anders. Mit ihrem massenhaften Fortgehen begann der Zerfall der alternativen Republik, des mütterlichen Traumlands. Binnen weniger Monate verschwand die DDR von den Landkarten und lebt doch fort. Bis heute. In den Köpfen, den Körpern, Erzählungen, Erinnerungen, übrig gebliebenen Gegenständen und Architekturen, in Haltungen, Wertvorstellungen, Unfähigkeiten und Fähigkeiten gleichermaßen. Sie lebt zwischen Buchdeckeln, in Liedern, auf Fotografien. In Konflikten und Rissen – die gehen durch Dörfer und Städte im ganzen Land.

2018. Ich sitze an einem Tisch im Veranstaltungsraum des Eberswalder Amadeu-Antonio-Hauses. Es trägt den Namen des jungen Angolaners, der als Vertragsarbeiter hoffnungsvoll in der kleinen Stadt gelebt hatte, bis ihn im Dezember 1990 ein rassistischer Mob durch die Straßen jagte und brutal ermordete. Die Mörder waren in der DDR aufgewachsene Jugendliche, so wie ich, die nur wenige Kilometer entfernt lebte. Die viele Jahre später einen Roman über diese Zeit schreiben würde. Gegen das Vergessen. Darum hat man mich eingeladen.

Im Nebenraum ist es voll. Seniorengymnastik am Nachmittag. Zur Lesung sind nur wenige gekommen. Ganz vorn, in der ersten Reihe, sitzt ein älterer Herr in kurzen Hosen. Er muss während meines Vortrags oft die Luft anhalten. Ich sorge mich zunächst. Unnötig. Er beschwert sich laut: »Sie machen mein Land schlecht!« Der Mann versucht, seine Zeitzeugenschaft gegen meine in Stellung zu bringen. Trainierte Empörung verschlägt ihm die Stimme. Seine Herkunft ist besonders dann gut zu erkennen, wenn er benennt, worüber wir uns streiten: die »DäDäÄr«. Er bezeichnet sich als Heimatforscher. Einmal monatlich träfen sie sich zum Stammtisch.

Der Tisch für die Zeitzeugen des Dazwischen, der neunziger Jahre, die in öffentlichen Debatten heute oft mit dem Hashtag »Baseballschlägerjahre« markiert werden, stand dagegen jahrzehntelang abseits der öffentlichen Wahrnehmung. Tempo, Radikalität und Dynamik der Transformationen haben einen stark verdichteten und unübersichtlichen Erinnerungsraum geschaffen. Manchem erschien die Zeit als Treppensturz, mancher als schlingernde Abfahrt auf Glatteis, andere lernten zu fliegen. Die unterschiedlichen Wege, die die Akteurinnen und Akteure nach 1989 nahmen, laufen bis heute wie Trennlinien durch die ostdeutsche Gesellschaft, bis tief hinein in alle Strukturen. Und so bleibt als letzter gemeinsamer Erfahrungshorizont – die DDR.

In der UNO steht ein leerer Stuhl
Darauf saß ein Mann aus Suhl
In Kenia gibt's jetzt eine Botschaft wenja?
Diesmal traf es einen Mann aus Jena

Die Neunziger. Erwachsen werden in Ruinen. Adressen, Straßennamen und Gebäude, Denkmäler und ganze Lektürewelten landeten auf dem Müllhaufen der Geschichte. Menschen zogen massenweise fort und kehrten nicht zurück. Es blieben Gerüchte, Legenden, das Reden über ein verschwundenes Land und seine Bewohner, so leise wie ein Flüstern, das der verschollenen Erbtante gilt, über die zu reden sich nicht gehört. Ich fragte trotzdem nach. Und geriet so an den Katzentisch. Meine persönliche Spurensuche begann in lokalen Zeitungsarchiven, auf Dachböden, in miefigen Kellern, hinter durchtrennten Maschendrahtzäunen, an Bushaltestellen, wo ich den Gesprächen lauschte. Informationen aus zweiter Hand waren immer noch besser als gar keine. Warum ich überhaupt suchte? Weil etwas fehlte. Aber was?

Der abrupte Systemwechsel hatte alle propagierten Zukünfte ersatzlos begraben. Die neue Alternativlosigkeit zum westlichen Modell schuf kuriose Anpassungszwänge, die flächendeckend in ganz Osteuropa mehr Druck erzeugten als Möglichkeiten zum Ausgleich. Die Menschen standen vor Spiegeln. Versuchten zu lächeln und sangen: »Go west!« Verkleideten sich als Westler. Erkannten einander trotzdem wieder. Der Untergang der Diktatur teilte die Welt in Sieger und Besiegte. Seither ist ihr Erbe stark umkämpft.

> Das Niveau der Debatte um DDR-Vergangenheit
> ist so niedrig, dass man sie als in die DDR »Verstrickter«
> nur auf allen Vieren führen kann.
>
> Heiner Müller 1993

Bei einer Begegnung in Rostock berichteten zwei Sozialwissenschaftlerinnen der dortigen Universität, dass ihnen westdeutsche Kollegen empfohlen hätten, nicht mitzuforschen zum Themenfeld DDR. Sie seien schließlich befangen. Nicht objektiv genug. So wird ein Vorsprung an Erfahrung und Wissen nicht nur negiert, sondern zum Makel gemacht. Zur Bürde. Zu einem Ausschlussgrund. Wir lachten darüber. Doch die Aussichtslosigkeit der Abwehrkämpfe gegen solcherlei Entwertung kann einen auch in Donquichotterien treiben.

So hatte der Zorn des Zuhörers in Eberswalde einer Textpassage gegolten, in der die Großmutter meiner Protagonistin, soeben war der Strom ausgefallen, bei Kerzenschein Socken aus bunten Wollresten strickt. In dieser sentimentalen Erinnerung wollte der Mann eine Kritik am Staate erkannt haben: »Das sind ja angebliche Mängel, die es so gar nicht gegeben hat. Es gab Socken für jeden!«

Ich such' die DDR, und keiner weiß, wo sie ist
Es ist so schade, dass sie mich so schnell vergisst
Ich such' die DDR, und kommt sie zurück zu mir
(Verzeih' ich ihr)

2021. Die rechtsextreme AfD plakatiert: »Wir sind das Volk!« Ihre Rhetorik gegen »die da oben«, meist vorgetragen von westdeutschen Spitzenfunktionären, ist ein Versuch, das Widerstandsnarrativ von 1989 zu instrumentalisieren. Zeitgleich kämpfen junge Ostdeutsche als »Aufbruch Ost« darum, die emanzipatorischen Gehalte jener Zeit freizulegen und vielleicht zu retten. Die Ergebnisse der Bundestagswahl zeichnen die Umrisse des untergegangenen Landes nach. Das Blau der AfD färbt den Osten des Landes. Wenige Wochen später bezeichnet der Vorstandsvorsitzende des Springer-Verlags den inzwischen geschassten Bild-Chef Julian Reichelt als »letzten und einzigen Journalisten« im Lande, der noch aufbegehre, gegen den »neuen DDR-Obrigkeitsstaat«.

Die Geschichtswissenschaften können der Erinnerungskultur ein Fachwerk sein. Das Fundament aber bilden Geschichten, die man hören (wollen) muss. Nicht nur die Geschichten derer, die die DDR aufgebaut, in ihr gelebt haben. Auch die Geschichten der Nachgeborenen, für die sie weiterhin einen wichtigen Bezugspunkt darstellt. Weil ihr Leben immer von dieser Vergangenheit geprägt sein wird. Erst in der Vielfalt der Perspektiven wird Geschichte lebendig. Und es gibt noch viel zu entdecken. Die ostdeutsche Migrationsgeschichte zum Beispiel. Überwachung. Mauer. Flucht. Im Kontext der Zeit um 1989 herum klingen diese Begriffe anders als heute. Die Welt ist ohne Rückschau so wenig zu begreifen wie ohne Blick zum Horizont nach vorn.

ESKALATOR HOCH UND RUNTER

Die Menschen aus dem Osten sahen aus wie Schauspieler aus einem Maxim-Gorki-Stück, die plötzlich ihre Bühne verloren hatten und auf einer anderen Bühne, in der ein ganz anderes Stück gespielt wurde, gelandet waren.
Emine Sevgi Özdamar

Soweit ich mich erinnere, hatte ich mich auf das Jahr 1989 gefreut. Der Fahrerlaubnis näher zu kommen. Bald kein Kind mehr zu sein. Das nichts sagen darf. Was ich wirklich nicht erwartet hatte, war, im November des Jahres schamvoll auf der Rolltreppe eines Westberliner Warenhauses zu stehen. Im falschen Stück gelandet. *Lost in the Supermarket.* In meiner Erinnerung wirkt das Gefühl der Deplatziertheit noch nach. Unvergesslich: die Entscheidungsparalyse angesichts endloser Regale mit nahezu identischen Produkten in unterschiedlichen Kartons. Alles riecht gleich intensiv. Nur Gemüse – das riecht nicht. Dabei wusste ich es besser. Schließlich hatte ich meine halbe Kindheit im HO-Gemüseladen des Vaters verbracht, zwischen Kohlrüben und Kartoffeln. Aber was nutzte einem diese Erfahrung nun? Und was war mit den Verkäufern in der Damenabteilung los? Hatten die noch nie einen Teenager gesehen, der nicht lächelt?

Kurz vor dem Jahreswechsel war ich 14 geworden. Auf Fotos von damals – Familie im Tierpark, Familie bei Feier, Familie im

Urlaub – wirke ich verschüchtert. Mein Vater neigte zu rigiden Erziehungsmethoden. Seine Vorstellung davon, wie ein Mädchen zu sein habe, entsprach der seines kaisertreuen Großvaters. Ich teilte mir ein Zimmer mit dem sechs Jahre jüngeren Bruder und schrieb heimlich, mit der Taschenlampe unter der Bettdecke, Gedichte, in denen es meist um Vögel, Natur und Freundschaft ging. Glaube ich jedenfalls, denn diese Geheimnisse meiner Kindheit sind mit dem Land verschwunden, in dem sie entstanden. Sicher bin ich nicht die Einzige, deren Familie die Vergangenheit zu bewältigen suchte, indem sie sich in den folgenden Jahren ihrer schriftlichen Zeugnisse entledigte. Aber wahrscheinlich haben andere wenigstens vor der dichterischen Produktion ihrer Kinder haltgemacht.

Im Februar, in Warschau hatten gerade Gespräche am Runden Tisch zwischen Vertretern von Regierung, der verbotenen Solidarność und der Kirche begonnen, durchquerte ich mit einer FDJ-Delegation die düster umwölkte Volksrepublik Polen auf Schienen. Wir hatten keine Ahnung von dem Aufbruch, der um uns herum längst stattfand. Hatten keine Ahnung von gar nichts. Bestaunten Elend und Mangel. Die Verwahrlosung in Ruinen, gegen die das eigene Land, die DDR, plötzlich heller erschien. Weniger kaputt. Doch immerhin gab es in Polen Westmusik auf den Schwarzmärkten zu kaufen, schlechte Raubkopien zwar, aber wir brauchten sie. Kauften sie. Hörten und tauschten sie. So ist das wohl mit 14. Normal auch, dass wir auf der Rückfahrt Michael Jackson aus dem Kofferradio hörten und nicht Salman Rushdie, den eine BBC-Reporterin gerade auf der Beerdigung Bruce Chatwins über die Fatwa gegen ihn informierte.

Im April, am Tag nach unserer Jugendweihe, wurde die polnische Gewerkschaft schließlich legalisiert. Kein Thema für uns.

Denn die Welt braucht dich genau wie du sie,
die Welt kann ohne dich nicht sein.
Das Leben ist eine schöne Melodie,
Kamerad, Kamerad, stimm ein!

So klang das Auftaktlied der Zeremonie. Die Bilder zeigen mich und meine Mitschülerinnen mit teilnahmslosen Blicken und hängenden Schultern. Eine Live-Band steht auf der Bühne des Kulturhauses. Zum Abschluss spielten die in weiße Dederon-Anzüge gekleideten Männer den Dauerbrenner »Wann wir schreiten Seit' an Seit'«. Das Transparent zum 40. Republikgeburtstag bammelte hoch über der Bühne. »Mit uns zieht die neue Zeit!« Wo war ich in Gedanken? Was war meine Ferne? Neue Zeit?

Auf die Klassenfahrt nach Bad Freienwalde brachte eine Mitschülerin ein Aufklärungsbuch mit. Allnächtlich vertieften wir uns darin, ließen manchmal Jungs ins Zimmer kommen, um die Dinge genauer zu ergründen und besuchten im Gegenzug gruppenweise ihre Zimmer. Am Ende der Reise wussten alle Bescheid.

Mitte August reimte Erich Honecker anlässlich der feierlichen Übergabe des 32-Bit-Mikroprozessors U80701: »Den Sozialismus in seinem Lauf hält weder Ochs noch Esel auf.« Die besten Programmierer des Landes teilten sich derweil die wenigen leistungsfähigen Rechner zu viert und in größeren Gruppen. Auch wir saßen im Computerunterricht auf dem Gelände des VEB Mikroelektronik Bruno Baum gedrängt vor den Geräten und bejubelten eine von uns selbst programmierte, pixelige Rakete, die über den Bildschirm des KC 85 flimmerte. Fortschritt hin oder her – das war interessant. Nicht die Worte alter Männer, die seit den Siebzigern in denselben Kleidern steckten. Die man sich nicht mehr als Kämpfer für oder gegen irgendetwas vorstellen konnte.

Beim Fahnenappell zum Schuljahresende überreichte mir, der erfolgreichen Frühstarterin bei der Russisch-Olympiade, ein Vertreter der Gesellschaft für Deutsch-Sowjetische Freundschaft die Herder-Medaille in Bronze und einen Büchergutschein. Den tauschte ich für eine Kassette ein, die gerade frisch im Buchladen eingetroffen war: »Paule Panke – Ein Tag aus dem Leben eines Lehrlings« von Pankow. Leerkassetten, auf deren Erwerb ich eigentlich gehofft hatte, gab es nicht. Die Instrumentalisten der Band hatten einmal Veronika Fischer begleitet, »die Verräterin«, wie meine Mutter sie nannte, weil sie »rübergemacht« hatte. Wie etliche Bekannte aus dem Umfeld meiner Eltern, über die einfach nicht mehr gesprochen wurde. Das Album war gerade erst durch die Zensur gekommen, das Programm schon sieben Jahre alt. Von alldem ahnte ich nichts, hörte stattdessen fasziniert den Trotz in der Stimme des Sängers. Die Wut und Lakonie, die in der Beschreibung eines Alltags lag, den ich allmorgendlich in den Gesichtern der Werktätigen lesen konnte und gerade erst im praktischen Unterricht selbst kennengelernt hatte, wo wir in fleckigen Kitteln an Bohrmaschinen und Fräsen hantierten, inmitten eines ruinösen Ziegelwerks, dessen monotone und schwere Verrichtungen die Körper der Arbeiterinnen und Arbeiter seit hundert Jahren zerstörte. »Paule Panke« war aufregend, aber nichts gegen die mir unvertraute Welt. Nach zweimaligem Durchhören brach ich den Kopierschutz aus der Kassette und bespielte sie mit Depeche Mode, deren Ruhm gerade die Kinderzimmer der Provinzen flutete: »Music for the Masses«.

Die Nachrichten von Massendemonstrationen bestimmten nun auch die Gespräche der Erwachsenen an Bushaltestellen und in Pausenräumen unserer kleinen Stadt. Blieben so unwirklich wie die Meldungen von Honeckers Rücktritt und schließlich vom Mauerfall.

Das nächste, an das ich mich erinnern kann, ist diese vollgestopfte Rolltreppe in Westberlin. Der Menschenstrom hatte uns dorthin mitgerissen. Dies war die wohl höchste Verdichtung von DDR-Bürgern, die ich jemals erlebt hatte. Nicht mal im Jubelzug zum Staatsjubiläum hatten die Leute einander gleichzeitig auf beiden Füßen gestanden. Die Geräuschkulisse war unmenschlich. Ochsen und Esel mit Raketen im Kopf. Von diesem Tag an gibt es in meiner Erinnerung nur noch Rauschen, Tränen, Jubelschreie. Bis schließlich die Ceaușescus in verwackelten Fernsehbildern auftauchen, ein letztes Mal in ihren Gorki-Stück-Mänteln. Stille Nacht. Dann Schüsse.

Dachte ich daran, als ich zu Jahresbeginn 1990 in der Arbeitsgemeinschaft Schießen das Gewehr auf die Zielscheibe richtete? Wohl kaum. Aber danach, beim Judo-Training im selben Übungsraum, bohrten sich die Munitionsreste in die Füße, dass es weh tat. Noch im Laufe des Schuljahres wurde der Wehrunterricht abgeschafft. Nichtsdestotrotz errang unsere Mädchenmannschaft den letzten Bezirksmeistertitel am Großkaliber, der vergeben wurde. Die Siegerehrung, für die wir stundenlang auf einem Parkplatz bei Potsdam ausharren mussten, fiel jedoch aus. Es waren keine Medaillen mehr geprägt worden. Das sinnlose Warten hatte ein Ende.

In Kolonnen fielen sie nun über die holprigen Landstraßen ein: Vertreter, Händler und Berater. Händleschüttler mit schweren Katalogen, Lexika, Staubsaugern, Versicherungen und Teppichen. Stets lächelnd saßen sie in unserem Wohnzimmer. Einer nach dem anderen. Fremd in fremden Sachen und Gerüchen mit einstudierten Gesten und Merksätzen, vielen Worten, großen Worten, unbekannt und eckig. Und doch war es ihre Bühne. Unsere Couch. Nur unser Hund, der hasste sie gleich, die frisierten Herren.

Jahrzehnte später sollte ich zwei ehemalige polnische FDJ-Funktionäre im Zug von Odessa treffen. Reiche Männer nun, die ihre erste Million mit dem An- und Verkauf gebrauchter Personalcomputer zwischen Westberlin und Moskau gemacht hatten. Wir verabschiedeten uns auf einer Rolltreppe des Warschauer Hauptbahnhofes. Sie fuhren nach oben. Neuen Geschäften entgegen. Den Skandinaviern, hatten sie erzählt, ginge die Biomasse zum Betrieb moderner Kraftwerke aus, dabei wüssten die Ukrainer gar nicht wohin damit. Und lachend: »Wir machen aus Scheiße Gold.« Ich fuhr nach unten, wo mir das russische Zugpersonal den Zutritt zum gebuchten Liegeplatz im Nachtzug aus Moskau verwehrte. So stand ich im Gang bis nach Berlin. Umringt von Leidensgenossen. Blickte durch dreckige Scheiben. Draußen das Land, das keinem von uns gehörte. Dörfer zogen vorbei. In zeitloser Ödnis. Verfallen. Lagen geduckt im Schatten riesiger Werbewände. Seht ihr das? Sie spielen unser Stück.

Sicher hat 1989 alles verändert. Mein Gefühl der Fremdheit aber ist geblieben. Mit jedem weiteren Jahr, das vergeht, schrumpfen die Ereignisse von damals auf weniger Bilder zusammen. Auf eine einzelne Fahrt mit der Rolltreppe. Als Teil einer Masse. Im Warenhaus.

DJEWOTSCHKA WILL HEIM

Es soll schon vorgekommen sein, dass vier Menschen miteinander am Tisch sitzen, schweigen und sich nichts mehr wünschen, als nie mehr an diesen Tisch zurückkehren zu müssen. Fliehen wollen, aus der allmorgendlichen Enge einer winzigen Küche, wo Kniescheiben an Holzkanten stoßen, Stühle hin- und hergerückt werden, wo es heiß ist, wegen des Heizkörpers, der unterhalb des Tisches surrt. Ausweichen, der sonoren Stimme des Radiomannes, den ständigen Unterbrechungen durch das Plärren der Megahits vom Nachbarsender. Dem schlechten Empfang, mit dem sich alle abgefunden haben, weil ja Stille nicht zum Aushalten ist. Entkommen, den besinnungslosen Gesten, dem Bittedanke, Butter hin, Marmelade her. Geköpften Eiern. Nicht mehr aushalten müssen, die spezifische Mixtur der Gerüche aus Parfum und Wurstwaren, frischem Brot und Rasierwasser. Wir haben keinen Appetit, aber wir müssen etwas essen.

Und dann, wenn alles vorbei ist, Jahrzehnte später, wird der Tisch zum Sehnsuchtsort, zum Inbegriff von Zuhause. Ausgerechnet dieser Moment einer fernen, vergangenen Zeit kehrt wieder und wieder. Als wollte etwas in dir zurück in die Küche, zurück zum Marmeladenbrot, zurück zum Schweigen. Als sei ein Stück von dir immer dortgeblieben, in der Enge …

»He, träum nicht, wir müssen hier raus!«

Ja. Er hat Recht. Wir sind da. Fast wäre ich sitzen geblieben, im Bus. Die Landschaft jenseits der Schlagbäume muss sich an uns vorbeigeduckt haben. Wie hatte uns der grauhaarige Grenzer begrüßt? »Präsent oder Kalaschnikow?«

Jetzt ist da Lenins Mantel. Aus der Ferne schwer zu erkennen. Ja, Lenins Mantel im Wind. Stein geworden und vom Abendrot in Szene gesetzt. Aus unzähligen Lautsprechern, die rund um den Platz an Masten und auf Hausdächern befestigt sind, erklingt die russische Nationalhymne.

»Wer ist der Mann neben Che Guevara und Putin?«

»Das muss der Obermacker von hier sein.«

Klar. Wer sonst.

»Hast Du die Mauer gesehen?«

»Ja, sah aus wie eure früher.«

Der letzte Schultag vor den Sommerferien. Der Tag der Zeugnisausgabe. Aufgeregte Mädchen schlendern in Gruppen die Promenade entlang. Die diesjährigen Abgängerinnen kann man gut erkennen an ihren schwarzen Uniformen mit den kurzen Röckchen, den weißen Spitzenschürzen und hellen Schleifen im Haar. Einige halten Luftballons in den Händen. Es sind sechzehnjährige Frauen, die sich als Kinder verkleiden. Oder ist es umgekehrt? Die Jahrgangsbesten unter ihnen tragen riesige, goldene Schärpen, die bis zu den Knien reichen. Sie demonstrieren ihre Überlegenheit, indem sie wieder und wieder die transnistrische Hymne anstimmen. Ein älterer Herr, vielleicht ist er der Physiklehrer, oder ein Tourist, fotografiert erst jede einzeln, dann alle zusammen. Er dirigiert lautstark. Diese Djewotschka nach links, jene Djewotschka nach rechts, die lange Djewotschka hinhocken. Der wundervolle, stille Dnjestr zieht in einer sanften Kurve unterhalb dieses Treibens dahin.

Die jungen Frauen versammeln sich am Bootssteg. Da erscheint bereits die »Moldowa« an der Biegung des Flusses, das einzige funktionierende Fahrgastschiff des Landes. Die Pioniere jubeln ihm entgegen und der Kapitän grüßt die kreischende Fracht, die, so in das Abendlicht getaucht und aus dem Schatten der Platanen betrachtet, wirkt, als sei sie einem postsowjetischen Kinderporno entsprungen. Er reißt die Stereoanlage an Bord auf volle Lautstärke.

No, no limits
won't give up the fight.
We do what we want
And we do it with pride.

Es ist Nacht geworden in der transnistrischen Hauptstadt Tiraspol. Die Sperrstunde ist, wie alles andere auch, an der Moskauer Zeit ausgerichtet. Vorm benachbarten Café »Nostalgie« parken nun zwei Polizeiwagen. Das Personal wird den Rest der Nacht für die Beamten kochen und Kvint servieren, exklusiv. Für Leute wie uns gibt es ab 23 Uhr nur noch die Hotelbar.

Wir sind den Lichtern gefolgt und erst mal am Tresen gelandet. Die zahnlose Bedienung wirkt freundlich und abgeklärt. Ich halte mich an ihrer Erscheinung fest, wie eine Verdurstende.

»Ich such mal die Toiletten.«

»Mhhh.«

Als er zurückkehrt, fallen die Zuhälter über ihn her, eine dreiköpfige Eskorte, die ihn mit Nachdruck zu sich an den Tisch zieht. Schnell setze ich mich dazu. Er versteht ja nichts.

»Was würde sie in Deutschland kosten?«, werde ich nun gefragt.

»Wer?«

»Na sie, die Djewotschka!«

Der Tätowierte bohrt seinen fleischigen Zeigefinger in die Rippen der einzigen anderen Frau in der Runde wie den Lauf einer Pistole. Er starrt mich an. Es muss eine Art Prüfung sein, da ist diese merkwürdige Stille am Tisch. Ganz plötzlich, dabei waren eben noch die Gläser aneinander geknallt: »Gut deutsch. Gut deutsch.«

Ich glotze blöd in seine blauen Augen. Meine Stimme sagt: »Nje panimaju.« Verstehe nicht. Der Tätowierte hört nicht auf, mich zu mustern. Er zieht mit der anderen, der freien Hand sein Unterhemd bis zum Kinn hoch, zeigt mir seinen braunen, muskulösen Oberkörper. Das Hakenkreuz darauf ist falsch herum tätowiert. Wahrscheinlich selbst gemacht, vorm Spiegel. Er will eine Reaktion.

»Na hör mal, das kann sie doch nicht wissen, was ich koste.« Beschwichtigend biegt die Frau seine Hand nach unten, wischt die Drohgebärde ihres Zuhälters einfach unter den Tisch. »Rate mal, wie alt ich bin!« Ihre Stimme klingt glockenhell und will so gar nicht zu Gesicht und Körper passen. Zu lebendig. »Nun rate!« Das Geschacher geht also weiter. Die Ware preist sich jetzt selbst an. Dass ich es bin, auf die sie einreden, liegt an dem stümperhaften Russisch, das ich spreche. Doch alles, was sie sagen, gilt dem Mann an meiner Seite, meinem Mann. Dem Westler mit dem alkoholischen Grinsen.

»Djewotschka!«, der Tätowierte scheucht die alte, zahnlose Bedienung quer durch die Bar. Die nächste Runde Wodka. Währenddessen zwinkert mir die Feilgebotene zu seiner Linken komplizenhaft zu. Sie sei in Dubai gewesen. Viele Jahre. Zu viele. »Ich bin ein Kind der Olympiade, in Moskau gezeugt.« Ich erinnere mich. Meine Mutter war auch dort gewesen, hatte mir ein Maskottchen mitgebracht, damals. Ich muss sechs Jahre alt gewesen sein.

Ich höre mich rufen: »Mischka!« Während wir versuchen, uns zu erinnern, bemüht sich der Tätowierte hartnäckig, diesen grinsenden Westler als Kunden zu gewinnen. Er schenkt nach, sucht nach weiteren Gesten der Verbrüderung. Zeigt auch ihm noch mal seinen Bauch. Zeigt auf die Frau. Zieht die Schultern hoch. Signalisiert, dass es doch nur um ein paar Minuten ginge. Um einen Gefallen praktisch, mit der Djewotschka. Die Djewotschka, neben ihm sitzend, scheint plötzlich taub dafür. Sie springt auf, fällt mir über den Tisch hinweg um den Hals. »Mischkabär, Mischkabär!« Tränen kindlicher Rührung laufen über ihre schlaffen Wangen an meinem Hals entlang. Für ein paar Sekunden bin ich ihre allerbeste Freundin. Auf der ganzen Welt. Sind wir beide Djewotschkas.

Am nächsten Morgen fließt der Dnjestr still und sonnenbeschienen unterhalb unseres Balkons entlang. Gleichgültig. Die Flaneure vom Vortag sind fort. Das Läuten der Kirchenglocken plärrt schrill in diese Sonntagsruhe hinein. Die Lautsprecher übertragen erst den Gottesdienst, dann die Stimme des Präsidenten dieses besetzten Teils von Moldawien.

»Ich will hier weg.«

»Wieso denn? Ich gewöhn' mich gerade dran.«

»Woran? Hier ist nichts.«

»Dann lass uns halt den nächsten Bus nehmen.«

Odessa. Das Schwarze Meer.

»Ja.«

Die Auswirkungen des nächtlichen Wodkarausches führen uns, deftigen Gerüchen folgend, in eine Kantine, direkt an der Hauptstraße. Katerfrühstück. Großer Jubel! Er hat am Buffet den Salat seiner Großmutter entdeckt. Die dicke Küchenfrau zeigt ihre Goldzähne, als der Westtourist die winzige Digitalkamera immer wieder in ihre Richtung blitzen lässt. »Das ist er, original!«

Seine Großeltern hatten in der Ukraine gelebt. Die harte, strenge Oma war eine hagere Volksdeutsche gewesen, deren rare Liebesbekundungen sich einzig während der Mahlzeiten ausdrückten, im Essen selbst. Wie diesem Salat: Vinegret. Er bestellt eine große Portion und schlingt die Erbsen und Kartoffeln, die Rote Beete und grünen Gurken herzhaft schmatzend hinunter. Ich starre auf meine Pelmeni. Mir ist schlecht.

»He, du musst was essen.«

»Ich habe keinen Appetit mehr.«

Mein Blick hängt an der Tischrunde im hinteren Teil des Ladens. Da sitzen Rentner in alten, grauen Anzügen mit glasigen Augen hinter dicken Brillengläsern: »Djewotschka, Wodka!«

»Siehst Du die Typen da hinten? Nicht so auffällig.«

»Ja, was soll mit denen sein?«

»Die sind bestimmt vom Politbüro. Total dicht. Elf Uhr vormittags!«

»Na und? Wir sind im Osten.«

Ein weiterer Gast unseres Hotels betritt den Laden. Er trägt eine wasserabweisende Erobererhose. Alles an ihm ist neu. Wie gerade erst in der Sportabteilung bei Karstadt gekauft. Im Gegensatz dazu die Geräusche, die aus seinen Lungen und Nasenflügeln dringen. Er pumpt schwer. »Aus Moskau«, hatte uns der Portier verschwörerisch zugeraunt, als Antwort auf meinen entsetzten Blick. Ein russischer Tourist auf Viagra-Urlaub. Alter schwer zu schätzen. Sechzig? Siebzig? Sein Aftershave erfüllt den Raum. »Djewotschka!« Blicklos hat er sie gerufen.

Er bestellt bei dem alten Mädchen. Die ihrerseits beantwortet seine Ruppigkeit mit der hohen Kunst des Nichtbedienens. Lässt ihn warten, schaut an dem Gast vorbei, als sie ihm den Granatapfelsaft neben den Wodka stellt. Nebensächlich, schon wieder halb dem Tresen zugewandt. Als würden sie einander kennen. Seit Jahrzehnten.

Ich seufze. Habe mir mein Knie gestoßen. Am Tischbein.

»He, es war deine Idee, hierher zu fahren!«

»Ja, ich weiß.«

Ich denke an den alten, viel zu großen Küchentisch meiner Mutter. Sehe ihn umgestürzt unter Krüppelkiefern liegen. Im märkischen Sand. Ist das Heimweh? Dass ich mir Sorgen mache, um einen Tisch?

»Was ist los mit Dir?«

Er macht sich auch Sorgen. Um mich. Das kann man an der Falte zwischen seinen Augenbrauen erkennen. Auf dem Bürgersteig draußen trabt ein Pferd mit herabhängendem Kopf an parkenden Luxuslimousinen mit russischen Kennzeichen vorbei.

»Alles wird.«

DICHTUNG UND ELEND

Wer das sagt, der lügt,
Dass die Sonne nachts schläft;
Geht die Sonne dort auf,
Wo sie abends untergeht?
Lettisches Volkslied

Ein Lada überquert die zugefrorene Daugava, passiert die Eisangler mit den Atemwölkchen, schlittert kurz, fährt weiter. Riga liegt unter einer dicken Schneedecke. An den Straßenrändern türmen sich kleine Eisberge, an denen schweigend ein Heer von Mützen entlang marschiert. Die Menschen sind mit ihren zielgerichteten Schritten, den eingezogenen Köpfen und dunklen, wetterfesten Kleidern kaum voneinander zu unterscheiden. Es fällt leicht, ihnen zu folgen, mitzulaufen, ein Teil des Stroms zu werden, der sich in Richtung der alten Zeppelinhallen formiert an diesem frühen Morgen Anfang März.

Uns bleibt nicht viel Zeit. Der Bus nach Ventspils fährt pünktlich, jeder scheint seinen Platz zu kennen und das Gebot zu schweigen. Stumm blicken wir durch die Scheiben auf das leere Land mit seinen windschiefen Kiefern und raren, halb zerfallenen Siedlungen, während der Bus über Schlaglöcher rumpelt.

Die kleine Stadt am Meer grüßt stürmisch. Der Wind peitscht uns mit solcher Wucht vom Hafen her entgegen, dass es kaum möglich ist, auszuatmen. Freunde hatten uns gewarnt: die Frühjahrsstürme! Sie würden den Meeresgrund aufwühlen und Bernstein an den kilometerlangen Sandstrand spülen, den dann geschäftige Sammler im kommenden Sommer an die Touristen in der Rigaer Innenstadt verhökern. Die See tobt, mattschwarz, hörbar.

Im Haus begrüßt uns ein freundlicher Zottel in dicker, selbstgestrickter Tracht. Die Winter sind offensichtlich hart, dunkel und lang. Er entpuppt sich als lettischer Poet, der sich im vergangenen Frühjahr während seines Stipendiums hier verliebt hatte und somit hängengeblieben ist. Nun gelte es, die hochschwangere Freundin zu ernähren. »Bei uns haben wir sehr wenig Platz und keine Küche. Ich benutze manchmal den Backofen hier.« Während er uns unsere Zimmer zeigt, schwärmt Gundars von kleinen, grünen Fischen, die »ein bisschen wie Gurke« schmecken und ausschließlich hier in der Gegend zu fangen seien. »Lass uns Angeln mal gehen!«, schlägt er vor, »Demnächst.« Bratenduft erfüllt den Raum. Wie berauscht blickt Rebecca, eine kleine französische Bulldogge, mit dem Ausdruck aller Beladenen dieser Welt in die Röhre. Nach und nach gesellen sich die anderen Hausgäste, Literaten und Übersetzer, um den Küchentisch, auf dem halb angetrunkene Flaschen und getrocknete Fische vom Vortag stehen. Nicht lang, und die ersten Trinksprüche werden ausgebracht. Auf Englisch, Französisch, Lettisch, später auch Russisch. Ich lerne Agathe kennen, eine fast durchsichtige Erscheinung mit leiser Stimme, die an der Sorbonne studiert und gerade ein kleines Appartement in der Pariser Innenstadt bezogen hat. Karl Valentin betritt pfeifend den Raum, zerrissen, aber in Lackschuhen. »Der Nachtwächter. Es wird sonst alles weggetragen, was nicht genagelt ist«, erklärte Gundars. »Für die Leute ist wie ein Palast hier.« Der Nachtwächter nimmt stehend einen großen Schluck direkt aus der Flasche, verbeugt sich, lacht zahnlos und verschwindet wieder. Auch in den kommenden Wochen wird Imants Blums meist stumm bleiben, denn seine Muttersprache, Russisch, wird im Haus – ungeschriebenen Gesetzen folgend – gemieden. Zumindest wenn die Chefin da ist. Auch die anderen Angestellten reden kaum, zum Teil aus Scham, ihrer rudimentären Englischkenntnisse wegen. Nur die Chefin und ihre rechte Hand, Gundars Freundin, parlieren leicht in allen Zungen, bitten mich schon am nächsten Tag, deutsch zu sprechen. »Damit wir nicht aus der Übung kommen.«

Als ein wunderlicher Professor für Turksprachen, Persisch und Tatarisch, durch die Tür hinkt, flieht Agathe überstürzt in ihr Zimmer. Uldis kann nichts für die Sozialphobie der jungen Französin. »Mehr als drei Menschen sind ihr zu viel.« Er hockt Abend für Abend in der Küche, wo ich ihn einmal, während ich auf das Geräusch kochenden Wassers warte, dabei beobachte, wie er in ein Bierglas mit gut »Sto Gramm« Wodka etwa dieselbe Menge Whiskey gießt und sich das Ergebnis, noch bevor sich die Flüssigkeiten miteinander vermischen, der eine dem anderen Tropfen gute Nacht sagen kann, umstandslos in den Hals kippt. »Ahhhh …« Ein älterer Herr mit einem Hüftleiden und dem Bild seiner Enkelinnen als Bildschirmschoner. Im nächsten Jahr wird er siebzig und übersetzt hier junge, chinesische Lyrik ins Lettische. Sein Verlag plant, einen schmucken Schuber mit seinem Gesamtwerk herauszubringen: Lyrik, Prosa, Übersetzungen. »Die bauen mir ein Mausoleum aus Papier! Nastrowje!« Und noch ein Glas. Den Kater am nächsten Morgen pflegt er mit einer doppelten der sonst üblichen Dosis eines Antidepressivums zu bekämpfen, das ihm ein literaturbegeisterter Arzt aus Riga im letzten Frühling verschrieben hat.

Der Sturm peitscht wütend gegen die Fenster, als der nächste Hausgast, Kasper, an den Tisch tritt, um sich wortreich auf Englisch zu entschuldigen. Die Übersetzung eines philosophischen Essays bereite ihm Kopfzerbrechen: »Hegel, ich kapier's nicht!« Er plappert in schrillstem Falsett und scheint verzweifelt. Gundars, der kein

Wort verstanden hat, schenkt dem jungen Slowenen einen Schnaps ein, doch Kasper lehnt ab und lässt seinen Kopf hängen, woraufhin sich Uldis das Glas schnappt. Woran wir denn arbeiten würden? »Erich Mühsam, der anarchistische Dichter. Wir stellen ein Lesebuch zusammen.« Mühsam ist keinem bekannt. Aber Anarchismus finden sie gut. »Nastrowje!«

In den nächsten Wochen schneit es zu Möwengeschrei, weitere Stürme folgen in unregelmäßigen Abständen. Die Innenstadt mit den Geschäften ist meist menschenleer. Täglich laufen wir durch die Gassen, zum Hafen, die Mole hinauf, durch den Park, wo bei gutem Wetter die Leute um die Bänke herumstehen, die Wege vollgestopft sind mit schreienden Kleinkindern, Müttern jeden Alters. Dass die meisten zu wenig haben, ist offensichtlich. Sachen, die lange halten, Dinge, die man noch reparieren kann. Eines Tages entdecke ich einen großen Buchladen, in dessen Auslagen es ausschließlich russischsprachige Titel gibt. Das ganze Viertel drumherum ist mit den typischen sowjetischen Arbeiterblocks bebaut und auch der raue Straßensound, die Gesichter, Kleider erinnern an die Sowjetunion. Als ich später die Chefin unseres Hauses danach frage, tut sie so, als wüsste sie nicht, von welchem Laden, welchem Stadtteil ich rede. »Russisches Viertel? So was gibt's hier nicht!« In den engen Gassen rund um die einstige Synagoge, mit ihren gedrängt beieinanderstehenden Holzhäuschen, knurren wütende Hofhunde durch die Ritzen der verschlossenen Pforten. Alle Gardinen sind angegangen, von der Zeit, dem Rauch, der Sonne. Manchmal hockt auch eine Katze mit wachen Augen am Wegesrand. Bis auf ein paar Jugendliche, die sich verschämt ein Bier an der Bank hinterm Planetarium teilten, sehen wir nie jemanden öffentlich essen oder trinken. Kein Geld, keine Imbissbuden, verrammelte Kneipen. Aber ein gut besuchtes Restaurant gibt es, mit Kellnerinnen in lettischer Bauerntracht, Haarkränzen, angeklebten Wimpern. Dort hocken die immer selben Mittdreißiger, junge Unternehmer, die es geschafft haben, und Ausländer auf der Durchreise. So wie wir.

> Nicht die Not ist das Schlimmste, sondern dass sie ertragen wird. Denn das Hinnehmen von Armut, während es Reichtum gibt, ist geistiges Versagen.
>
> Erich Mühsam

Seit zwei Jahrzehnten wird Ventspils von ein und demselben Mann beherrscht. Ein Ex-Kommunist, hohes Tier der alten Nomenklatura, der seinen Marx gründlich genug gelesen hatte, um zur rechten Zeit das Richtige zu tun. Nun ist er Öl-Milliardär und die kleine Stadt mit ihrem eisfreien Hafen gehört ihm ganz. Kurzzeitig hatte er mal wegen Korruption im Knast gesessen, aber seine Konten in Liechtenstein und der Schweiz blieben unangetastet. Von seinem Vermögen gibt er der Stadt und ihren Bewohnern immer gerade so viel ab, dass sie ihn mehrheitlich verehren und stets wieder wählen, diesen feudalherrlichen Erbauer öffentlicher Sporteinrichtungen, der von den arbeitslosen Werftarbeitern Parks anlegen und Gebäude streichen lässt. Sonnabends geht er auf dem Bauernmarkt einkaufen. »So wie wir«, sagen die Leute. »Einer von uns.« Und blicken dabei ängstlich. Es gibt auch Supermärkte nach westlichem Vorbild mit vollen Regalen und Coca-Cola, doch all das ist viel zu teuer. Nicht für den Bürgermeister, den reichsten Mann im ganzen Land, aber für fast alle anderen.

Das einstige Rathaus, das wir bewohnen, wird mit EU-Geldern finanziert und bietet Platz für sechs Stipendiaten. Jeder sitzt hinter seiner Tür, in einer fremden Stadt, umgeben von einer Sprache, die von gerade mal zweieinhalb Millionen Leuten gesprochen wird. Eine der großen Dichterinnen eben jener merkwürdigen alten Sprache wohnt im Zimmer neben mir. Sie hat Kafka ins Lettische übertragen,

Mandelstam und Achmatowa. An den abendlichen Gelagen beteiligt sie sich nicht. Ganz sachte, wie verwundet, höre ich sie manchmal durch die Flure schleichen, wenn sonst niemand da ist.

Eines Nachts jedoch steht sie vor meiner Tür, weint und zittert, kriegt kaum ein Wort heraus. Im Laufe der Nacht wird mir klar, dass es die Stimmen in ihrem Kopf sind, die sie bedrohen. »Die wollen mich umbringen, mich und meinen Sohn.« Sie besteht darauf, ihn anzurufen. Jetzt. Hat sie seine Nummer? Ja, im Zimmer, aber da will sie ums Verrecken nicht mehr hinein. Ich beschließe, Imants Blums um Hilfe zu bitten. Er spricht lange und geduldig mit ihr, führt sie am Ende doch in ihr Zimmer zurück, überredet sie, ohne das Telefonat ins Bett zu gehen. Damit ist Amanda wieder von der Bildfläche verschwunden. Nur nachts höre ich sie manchmal über den Flur schleichen und hoffe, dass die bösen Geister sie in Ruhe lassen mögen.

Die ohnehin schon kurzen Tage verfliegen wie die Wolken am Himmel. Immer, wenn der Wind es zulässt, laufen wir zum Meer, so oft, dass sich die Kläffer im Hafenviertel an uns gewöhnen und zusammengekauert in ihren Hütten liegen bleiben. Eines Abends begrüßt uns bei der Rückkehr herzhaftes, russisches Gezeter, Gläserklirren und Stimmengewirr aus dem Nebengebäude des alten Rathauses, in dem zwei Waschmaschinen, ein Kaminzimmer und eine Sauna untergebracht sind. Als wir uns der Gesellschaft nähern, verstummen alle sofort, wie erschrocken von sich selbst. Irina, die Putzfrau, eilt uns entgegen, versucht, uns ins Haus zu ziehen, weg von der kleinen Gruppe, die sich als ihre Familie entpuppt. »Zuhause kein Wasser. Wo waschen? Meine Kinder brauchen Kleidung«, höre ich sie zum ersten Mal reden, während ein deutscher Schäferhund überfreundlich immer wieder an mir hochspringt. Ihr Mann eilt aus der Sauna zu Hilfe, zwei Köpfe kleiner als sie, eine zähe, dürre Gestalt ohne Schneidezähne, die Oberarme mit blauer Farbe vollgestochen in irgendwelchen Kasernen oder Knästen. Beim Versuch, den Hund zu bändigen, fällt er halbnackt in den Schnee. Aus einer Dachluke hat Imants Blums das kleine Schauspiel heimlich beobachtet. Er lacht laut auf, schmeißt die Luke zu und fliegt die Treppen herunter, zu uns auf den Hof, um Sergej aus dem Schnee zu heben, seine langen Arme auszubreiten und uns allesamt sachte ins Kaminzimmer zu schieben, wo das Gelage nun weitergeht. Wir lernen Irinas Familie kennen, misstrauische, russischsprachige Letten, die zu acht in einer Wohnung ohne fließend Wasser hausen. Mit dem »Kainsmal der Armut« Gezeichnete, wie es bei Erich Mühsam heißt. Das Wort führen die Männer. Sergej hat in Afghanistan gekämpft, Imants war im lethargischen Chişinău stationiert. Kolja, der Schwiegersohn, lauscht andächtig. Eng ineinander verschlungen singen sie traurige Lieder, während Irina mit ihrer Ältesten die Wäsche zusammenlegt. Die drei Kleinen schlafen nach dem Saunabesuch in ihre Handtücher gehüllt am Kamin ein. Als Irina aufbricht, sie ins Bett zu bringen, folgen wir ihr erleichtert nach draußen. Die beiden Männer zeigen uns zum Abschied den Hitlergruß. Irina trägt die Kinder durch den Schnee.

Später, im Morgengrauen, höre ich die Polizei im Haus. Meine Zimmernachbarin hat in einer neuerlichen Angstattacke ausgerechnet die örtliche Wache zu Hilfe gerufen.

Am nächsten Tag weckt mich die schrille Stimme der Chefin, die laut und fordernd auf die Poetin einredet. Sie ist auffällig geworden. »Nicht zum ersten Mal!«, wie man mir ungefragt versichert. Im Flur stehen die Koffer zur Abreise gepackt. »Wir haben schon mit der Klinik telefoniert.« Ich brauche frische Luft, laufe durch den Ort und treffe am Busbahnhof noch einmal auf Amanda. Imants Blums habe ihr zur Flucht verholfen. »Und dein Gepäck?« Die Poetin hebt ihre leeren Hände zum Himmel, lächelt und fährt davon.

Das Verhängnis des Künstlers ist seine Vereinsamung, seine selbstgewählte Abschließung von den Dingen des Volkes. Hier ist der schmerzlichste Grund der Kulturarmut dieser Zeit, hier die Mitschuld der Künstler an dem Entsetzen, das wir durchleben.

Erich Mühsam

Schon nach wenigen Tagen ist Amandas Zimmer wieder bezogen. Ein gedrungener georgischer Dichter, muskulös, schwarzgelockt und vollbärtig, der sich als Berlin-Kenner mit starkem Hang zum Pathos entpuppt. Es dauert nicht lange, bis er beginnt, die Küche dauerhaft zu besetzen. Er hebt das Rauchverbot auf, erklärt Russisch und Deutsch zu den neuen Verkehrssprachen im Haus und bestimmt auch die Gesprächsinhalte. Heldengeschichten meist, vom Saufen und Prügeln. In Tbilissi und Prenzlauer Berg. Dabei leitet er jeden seiner Sätze mit: »Mein lieber, guter Freund« ein und stellt mit seinen Pranken ständig ungefragt Körperkontakt her. Ich besuche die Kollegen in ihren Zimmern, die sie, überfordert von der neuen Situation, kaum noch verlassen. Agathe hat beschlossen, einfach früher zu ihrem nächsten Stipendium abzureisen. »Ich konnte mich hier nicht gut konzentrieren. In Italien wird das anders sein.« Uldis treibt Heimweh um. »Ich habe meine Familie seit drei Monaten nicht gesehen.« Kasper kämpft immer noch mit Hegel. Er verbringt ganze Tage in der örtlichen Bibliothek, wird immer schweigsamer und scheint sich vor dem Georgier zu fürchten. Doch dann lädt der uns alle zum Essen ein, der Nachtwächter würde für uns kochen, Ausreden nicht akzeptiert.

Als wir uns am Abend in der Küche versammeln, ist Imants Blums schon dabei, pfeifend einen Karpfen zuzubereiten. Er trägt einen knallgrünen Dederonanzug und erweist sich als außerordentlicher Koch. Sogar Agathe überwindet ihre Scheu und setzt sich für den

Hauptgang zu uns an den Tisch. Uldis trägt zur Feier des Tages eine Krawatte. Bei einer guten Flasche Rotwein erklärt uns der Georgier weltmännisch, dass er Besuch erwarte. Seine deutschen Verleger. Den Kontakt habe Peter Handke hergestellt. »Mein Kumpel.« Während er sich in Rausch redet, den Namen des berühmten Dichters wieder und wieder fallen lässt, beobachte ich das nervöse Minenspiel Kaspers. Er trinkt, gegen seine Gewohnheit, selbst die Schnäpse mit, die Uldis schneller ausschenkt, als ein turkmenischer Uhu fliegen kann. Zum Dessert begräbt Kasper schließlich seine Zurückhaltung, was wiederum den Georgier nervös macht. Er reagiert auf die englischen, ihm unverständlichen Worte des schwulen Hegelübersetzers, als stecke ihm eine tote Maus im Hals. Und als Kasper auch noch seine schrille Lache ertönen lässt, schreit ihn der Georgier ohne jeden Zusammenhang nieder: »Was hast du gesagt? Willst du mich beleidigen?« Er greift eine volle Bierflasche und feuert sie auf den Slowenen ab, der gerade noch seinen Kopf wegziehen kann. Ich sehe, wie der Georgier zur nächsten Flasche greift, versuche ihn am Wurf zu hindern. Es kracht. An der Küchenwand und in meinen Knochen. Meine rechte Hand ist hin. Aber immerhin lebt Kasper noch. Der alte Professor wirft sich auf den Angreifer, muss sein ganzes Körpergewicht einsetzen, um den tobsüchtigen Dichter zu Boden zu zwingen. Imants Blums, ein Messer in jeder Hand, sichert Kaspers Flucht. Noch in derselben Nacht packt der junge Übersetzer seine Koffer und verlässt mit dem ersten Bus die Stadt.

Später am Morgen halten tatsächlich schwarze Limousinen vor dem Haus. Sind das die von Handke gesandten Verleger, um dem kommenden Stern am Buchmarkt zu huldigen? Wird der Oligarch ebenfalls kommen? Auch wir packen unsere Sachen, dreihändig, und benutzen den Hinterausgang. Am Busbahnhof treffen wir noch einmal auf Gundars, den frischgebackenen Vater, der sich empört: »Rebecca ist schwanger. Von einem Schäferhund!« Den Anblick meiner geschwollenen Hand quittiert er achselzuckend: »Dann angeln wir eben das nächste Mal!« Als wir Ventspils hinter uns lassen, setzt strömender Regen ein. Frühling.

Es regnet im Babylonischen Kiez.
Fremde Sprachen hinterm Regenvorhang.
Rote Rinnsale Häuserwände entlang. Unterspülte Fundamente.
Aus Turmgemäuer errichtet unser Haus –
wie alles aus Trümmern hier.
Sieben Wörter versteh ich in deiner Sprache.
Regen so freigiebig und gefährlich wie Liebe.
Regenbäche werden das Haus mit sich fortreißen,
weiter noch von den Trümmern gemeinsamer Sprache.

Amanda Aizpuriete

LAMBADA FÜR LENIN

Als die Maschine in der mongolischen Hauptstadt landet, geht gerade die Sonne auf. Ulaanbaatar bedeutet »Roter Held«. In bunte Mäntel gewandete Frauen treten vor Jurten, die vereinzelt, wie hingekleckst, zwischen Stadtrand und Flughafen aufgeschlagen sind. Sie beschwören mit ausladenden Gesten den Himmel. Ein nomadisches Ritual. Außer ihnen sind nur die Taxifahrer wach. Ein älterer Herr in zerschlissenen Hosen sammelt uns ein. Mein Akzent bringt ihn zum Lachen. Er weiß sofort, woher ich komme, erinnert sich an seine Studienzeit in Dresden. »Ich bin dort zum Lehrer ausgebildet worden, wissen Sie.« Doch noch sind Schulferien. Mit Taxifahren bessert er seinen bescheidenen Lohn auf. »Erik Chonecker. BFC Dinamo, Katarina Witt.« Bis wir unsere Herberge erreichen, zählt er auf, was ihm spontan noch zur DDR einfällt. Politiker, Fußballvereine, Sporthelden. Mein Gefährte schweigt verwirrt. Er ist Westdeutscher und versteht kein Wort. Der Lehrer zwinkert mir verschwörerisch über den Rückspiegel zu. Als würden wir uns schon länger kennen.

Das verblüffende Fraternisieren erinnert mich an den Grund unserer Flucht in die Ferne. Wochenlang war ich durch Deutschland gezogen, um mit den Menschen über die Ursachen der neuerlichen rechten Radikalisierung zu diskutieren, die anstehenden Landtagswahlen in Sachsen, Brandenburg und Thüringen fest im Blick. Und den Jahrestag: 30 Jahre Mauerfall. Auffällig war bei dieser Lesereise vor allem die immer gleiche Grundannahme in Ost wie West gewesen, dass die anderen Schuld seien. Die da drüben. Der Osten wegen seiner Rückständigkeit. Der Westen wegen seiner Arroganz.

»Germany was parted? Really?« Ona, der junge Touristenguide, den wir am Folgetag treffen, um mit ihm das Hochland zu durchqueren, fragt noch dreimal nach. Kalter Krieg, Sowjetreich, Kommunismus. Nie gehört. Dann endlich ein erlösendes Erkennen: 1989? Ja, da war etwas. Er komme gleich drauf. Es scheint der Beginn seiner Zeitrechnung zu sein. Alle Geschichte davor hat es für Ona nicht gegeben. Dabei stehen wir rauchend vor den Überresten von Karakorum, der einstigen Hauptstadt des von Dschingis Khan im 13. Jahrhundert gegründeten Mongolenreiches. Ona, der gerade seinen Bachelor in Ingenieurwesen gemacht hat, will unbedingt nach Japan. Die Eltern leben in Schweden, der Bruder in den USA. »Wir sind hier vier Millionen Menschen, dazu 12 Millionen Tiere.« Er interessiert sich nicht sonderlich für die Ausführungen der Museumsangestellten. Er will weg. Auch Anga, unser Fahrer, drängelt. Vor uns liegen noch gut fünf Fahrtstunden über abenteuerliche Pisten, zurück in die mehr als 300 Kilometer entfernte Hauptstadt. Solange wir die Steppe durchqueren, leuchten seine Augen. Die Wolken, die an uns vorüberziehen, sehen aus wie riesengroße, weiche Schafe, die flach über die Grasnarbe hüpfen. Ziemlich kitschig.

Während sich mein Blick an wilde Pferdeherden heftet, die gen Horizont traben, erinnere ich mich noch einmal an mein eigenes 89. Am Tag, als die Mauer fiel, war ich für einen Familiengeburtstag zum Schnittchen schmieren verdonnert worden. Im Radio lief »Lambada«. Aus einer Durchreiche, die die Küche mit dem Wohnzimmer verband, beobachtete ich missgelaunt, wie die Gäste immer befeierter, lauter und körperlicher miteinander wurden. Das Gerücht von der Grenzöffnung war so unwahrscheinlich, dass es sofort wieder unter den Tisch fiel, als ein Nachbar die nächste Flasche Sekt mit lautem Knall zum Überlaufen brachte. Die weltgeschichtliche Zäsur, die radikalen Veränderungen, die der Systemzusammenbruch erst der DDR und bald auch des riesigen Sowjetreichs mit sich brachte, waren unter dem Eindruck der unmittelbaren Ereignisse in den kommenden Wochen und Monaten, zumal für mich als Teenager, nicht zu überblicken. Die Implosion erfolgte scheinbar in Zeitlupe. Ein ähnlicher Effekt, wie man ihn von den Bildern einstürzender Neubauten her kennt. Und doch zerbarst, zerfiel alles in rasender Geschwindigkeit. Demonstrationen, Menschenketten, Panzer am Platz des Himmlischen Friedens, Tote, Mahnwachen, Nachrichten von Verhaftungen, fliehende Menschen, schreiende Menschen, kämpfende Menschen, alle außer sich. Das Rauschen der Bilder in den Köpfen schien nie mehr enden zu wollen. Das Gefühl, nichts mehr zu begreifen.

Auch in unserer kleinen Stadt war etwas in Bewegung gekommen. Daran waren aufrührerische Gestalten schuld, die sich im Schutz der alten Kirche trafen, die ich zuvor nie betreten hatte. Diese Männer und Frauen waren meist etwas jünger als meine Eltern, galten denen als »so Künstlertypen«, was vor allem aus dem Munde meine Mutter abfällig klang. In Reden, die bis nach draußen drangen, und auf Flugblättern, die vom Kirchturm segelten, stellten sie nun unerhörte Fragen. Danach, in was für einem Land wir leben wollten. Danach, was fehle und was es nie mehr geben solle. Im Strudel der Ereignisse, Kundgebungen, Versammlungen, wortreich geführten Debatten im ganzen Land artikulierte sich in Sprechchören und Losungen lautstark ein anderer Wille: »Deutschland – einig Vaterland«. Noch bevor mir dazu auch nur ein vernünftiger Gedanke einfiel, landeten wir – im Gegensatz zu unseren sowjetischen, polnischen oder tschechoslowakischen Brüdern und Schwestern – plötzlich im Westen. Ohne Umzug. Einfach so. »Wahnsinn!« – das Wort der Stunde. Mutter weinte bitterlich.

Seither ist Reisen für mich eine Art Antidot. Gegen die Angst, mich zu veräußern. Mich etwas zu trauen. Etwas nicht tun zu dürfen. Ich suche die Erfahrung, so sehr ich mich vor ihr fürchte. Wir waren nie an der Weite orientiert gewesen, sondern daran, zusammen zu sein. Eine Gemeinschaft. Wir waren jung und brauchten kein Geld. Dafür Gehorsam. Und davon viel.

In der Ferne umkreisen die Geier einen frischen Kadaver. Anga umschifft reaktionsschnell ein riesiges Schlagloch. Ich knalle mit dem Kopf ans Fenster. Er lacht.

Weiterreise nach China. Das Visum hatten uns die chinesischen Behörden erst ausgestellt, nachdem wir Unterkünfte und Zugfahrkarten für unseren gesamten Aufenthalt im Land vorlegen konnten. Die Grenzkontrolle bei der Einreise nimmt Stunden in Anspruch. Dass meine Fingerabdrücke abgenommen werden, das Gesicht gescannt, wusste ich vorher und bin doch konsterniert, als es wirklich geschieht. Nicht nur die Paranoia hat den Kalten Krieg überlebt. Im Zug servieren sie uns, den einzigen Westlern, die sich in den Speisewagen trauen, egal, was wir auch zu bestellen versuchen, ausschließlich Schweinefleisch mit Zwiebeln. Das erscheint dem chinesischen Bahnpersonal wohl angemessen für Langnasen wie uns.

Die Polizei ist im Zentrum Pekings omnipräsent. An jeder Ecke stehen Uniformierte, sie kontrollieren die Zugänge zu Straßen, Plätzen und Unterführungen. Checkpoints mit Ausweiskontrollen und Gepäckscannern verhindern jedes verspielte Flanieren, Sichverlaufen und Treibenlassen. Man hat da oder dort langzugehen, sich einzuordnen in Schlangen und Menschengruppen im Gänsemarsch. Ich muss unweigerlich an den 7. Oktober 1989 denken. Den 40. Geburtstag der DDR, der ihr letzter sein sollte. Den Fackelmarsch mit zehntausend Staatstreuen durch die Straßen Ostberlins. Die aus den Lautsprechern dröhnenden Kommandos. Unser Schweigen und ihre Parolen.

Am Rande des Aufmarschs hatte längst die Luft gebrannt, forderten Sprechchöre Freiheit ein. Die Freiheit zu reisen. Die Freiheit zu reden. »Wir sind das Volk.«

So etwas ist in der chinesischen Hauptstadt 2019 nicht denkbar. Von überall her zielen Kameras auf unsere Köpfe. Überwachung und Kontrolle. Endlich auf dem Tian'anmen-Platz angelangt, schleicht sich mir die Warszawianka ins Ohr, jene Revolutionshymne, betextet in vielen Sprachen, die spätestens 1936 Weltruhm erlangte, als junge Anarchosyndikalisten in den Straßen Barcelonas lautstark zum Sturm aufriefen: »A las Barricadas!«. Ein merkwürdiger Scherz des Unterbewusstseins, angesichts der wehenden roten Fahnen hier, unter denen Parteigruppen vom Lande stolz fürs Brigadealbum posieren. Es ist heiß. Die Abfotografierten hocken sich dichtgedrängt in die langen Schatten der Fahnenmaste. Menschenketten im Stillstand. Schicksalsergeben. Die blutige Zerschlagung der Protestbewegung 1989, die Panzer, die damals über den »Platz des Himmlischen Friedens« rollten, gelten hierzulande höchstens noch als »Zwischenfall vom 4. Juni«. Aber eigentlich spricht sowieso niemand über Politik. Die jungen Soldaten, die vorbeimarschieren, zerschneiden das harte Sonnenlicht im Stechschritt. So jung sind auch die Studenten damals gewesen. Die Kinder der Toten marschieren nicht mit.

Meinen Berliner Gewohnheiten folgend, halte ich am Ende des langen, heißen Tages in der chinesischen Hauptstadt nach Stühlen und Tischen im Freien Ausschau. Erfolglos. Das Pekinger Nachtleben findet ausschließlich drinnen statt. Schließlich ertappe ich mich bei dem Gedanken: »Die müssten doch nur ein paar Stühle rausstellen.« Und erinnere mich an die Klagen der Westdeutschen über die fehlende Geschäftstüchtigkeit der Ostdeutschen. Wie in dem beliebten Spiel »Finde den Fehler« hatten sie die Städte und Landschaften des Ostens durchschritten und durchkorrigiert. Nur wenige Jahre später wechselten auch meine Eltern die Seiten, oder vielmehr ihre

Überzeugungen, bemängelten beim Bummel durch die Nachbarschaft routiniert Schäden an Fassaden oder lieblos gestaltete Schaufenster. Inzwischen hatten auch sie gelernt, die Welt als um sich und ihre Bedürfnisse kreisende Lebenskulisse zu betrachten. Und ich offenbar auch.

Der Zug, der uns vom Nordwesten Chinas entlang des Tian-Shan-Gebirges nach Kasachstan bringt, ist fast leer. Auch hier wagt nur eine Handvoll Touristen den Grenzübertritt. Die quälend langen Passkontrollen mögen ein Grund dafür sein. Schließlich rettet uns mein DDR-Schulwissen vor einem betrügerischen Bahnbeamten, der versucht, uns in einem überbelegten Abteil zu platzieren. Ihn auf Russisch beschimpfend, erwerbe ich nicht nur seinen Respekt. Für den Rest der Fahrt werden wir mit allem, was wir benötigen, direkt in der Kabine versorgt. Mit wem man reden kann, mit dem kann man auch handeln. Noch einmal hält der Zug auf chinesischer Seite. Deutsche Schäferhunde schnüffeln, schniefen, schleichen. Als wir endlich die kasachische Grenze erreichen, schicken sie einen Cockerspaniel durch den Zug. Spontan hat man weniger Angst.

Eine Erinnerung an blank polierte Dunstabzugshauben schiebt sich in das verwitterte Zugabteil. Ich stehe nachts in fremden Küchen und putze. Scheuere. Schraube auf und zu. Wasche ab, bis die Haut sich von den Fingerkuppen löst. Mit dem Lohn dafür will ich einen Sprachkurs belegen. In Moskau. Stadt früher Sehnsüchte. Doch meine Kinderträume zerplatzen jäh mit den Nachrichten aus Grosny. Bomben. Trümmer. Putins Truppen. Erbarmungslos. Seither bin ich an vielen Orten in den Folgestaaten des zerfallenen Sowjetreichs gewesen. Habe Lenin als Schlüsselanhänger und Briefbeschwerer gesehen, auf Schwarzmärkten, die sich nicht nur im Verramschen alter Idole ähnelten. Nur in Russland war ich nie. Nicht in Moskau. Hölle der Enttäuscher.

Almaty, die ehemalige Hauptstadt der kasachischen Sowjetrepublik, empfängt uns wie eine alte Bekannte. Wer das östliche Europa kennt, findet sich zurecht. Nicht nur Kasachisch und Russisch, auch Englisch wird gesprochen. Die Stadt ist voller Parks. Menschen schlendern, essen gerne draußen – georgisch, russisch, usbekisch oder auch indisch. In einem 24-Stunden-Buchladen sitzen spätnachts noch Lesende, miteinander Flüsternde, Verliebte. Oneg, der uns am Morgen in die Berge, hinaus in die imposante Kulisse des Tian Shan fahren soll, ist zunächst zurückhaltend. Touristen beschweren sich gern, wenn etwas nicht ihren Erwartungen entspricht. Gehören wir zu denen? Doch als ich ihn mit meinem stümperhaften Schulrussisch konfrontiere, entsteht auch in dieser Begegnung eine merkwürdige Vertrautheit. Oneg ist IT-Spezialist und war 1989 für ein paar Wochen in der DDR, im Pionierlager am Scharmützelsee. »Schaaaarmüüützelseeeeee.« Stolz, den Namen des brandenburgischen Gewässers nach all den Jahren richtig aussprechen zu können, fragt er mich ohne Umschweife: »Rauchen die Ostberliner Frauen immer noch so aufreizend schön?«

Almaty, nur 300 Kilometer von der chinesischen Grenze entfernt, ist Europa. Das westlich gelegene Usbekistan nicht. Die Notwendigkeit, im Kopf rund zu denken, die Dichotomie Ost und West hinter uns zu lassen. Nord-Süd? Weltperspektive? Muss man dafür ins All fliegen?

Am Bahnsteig von Taschkent verwandeln sich liebenswürdige, betagte Gemüsehändlerinnen in blutrünstige Furien. Vollbeladen mit Körben, Säcken und zu Bündeln gerollten Decken rempeln sie Touristen, breitschultrige Bahnbeamte und selbst ahnungslose Kleinkinder zu Boden. Überleben ohne einzuholen. Im Innern des Zuges stapeln sich die Menschen auf drei Etagen, eilen Frauen mit Porzellankännchen, die anscheinend jeder bei sich führt, unablässig zum Heißwasserspender. Für die nächsten Stunden dreht sich das Leben der Reisenden abwechselnd um Tee und Schlaf. Auch um Gebete. Die Armut im Land ist groß, es wird viel getauscht und noch mehr bewahrt, repariert, geflickt. Eine Babuschka verkauft Kaugummi in einzelnen Streifen. Alle Augen sind auf uns gerichtet, die wir offensichtlich nicht hineingehören in diese Gesellschaft. Aber wie funktioniert Gastfreundschaft gegenüber jemandem, der nichts kapiert? Und alles hat?

Der Innenhof unseres Gästehauses in Samarkand ist so alt wie funktional. Brunnen und Lehmofen, Tische unter Weinranken. Alte Uhren verzieren alle Wände. Halten die Zeit fest. Ich verstecke mich im verdunkelten Zimmer vor Temperaturen jenseits der 35 Grad, als neue Gäste eintreffen. Ich höre Russisch. Spott in ihren Stimmen. Neugier treibt mich raus. Wir reden über das Reisen. Usbeken sind sie, US-Amerikaner seit fast 30 Jahren und eigentlich aus der Ukraine. Da kämen doch letztlich alle her: Polen, Deutsche, Juden. Und heute wieder Krieg. Gott erbarme! 1941 waren sie von Czernowitz ins Fergana-Tal deportiert worden. »Aber nach 1989 fiel ja alles zusammen. Da haben wir die Koffer gepackt. In schlechten Zeiten geht es doch immer gegen uns Juden.« Der Mann, der spricht, trägt ein T-Shirt mit der Aufschrift »CCCP«, das seinen mächtigen Bauch umspannt. Die Abkürzung steht für »Union Sozialistischer Sowjetrepubliken«. Zum Abschied ruft mir seine Frau hinterher: »Nimm's nicht schwer.« Sie lacht tief.

Ab wann sind Zeiten schlecht? Ich denke an den Asia-Imbiss in meiner Heimatstadt, unweit von Berlin. Immer wieder hatten Kinder den vietnamesischen Betreibern »Juden raus!« an die Wand gesprüht. Das war in den Neunzigern. Heute beschimpfen sie sich auf den Schulhöfen als »Jude«, »Spast« oder »Bimbo«. Und nur zwei Tage nach unserer Rückkehr von dieser Reise wird ein Neonazi beim Versuch, an Jom Kippur die Synagoge in Halle zu stürmen, zwei Menschen erschießen. 2019. Schlechte Zeiten?

Die gute Zeit der Karakalpaken im Norden Usbekistans ist schon lange her. Erst seit Kurzem öffnet sich die Region für Reisende, wird den Menschen im Innern ein Zugang zur Welt gewährt. Die Älteren begegnen uns mit ängstlicher Neugierde. Anders die Jungen, die uns mit ihrem Übermut ein ums andere Mal in Verlegenheit bringen. Sie wollen Englisch reden. Lernen. Verstehen. Während draußen abwechselnd Baumwollfelder und Wüsten vorbeiziehen, nähern wir uns dem Aralsee, früherer Lebensquell der Karakalpaken, einem zentralasiatischen Turkvolk ohne eigene Republik. Hier waren sie Fischer, produzierten Stör-Konserven für die ganze Sowjetunion. Doch der See, einst einer der größten der Welt, ist nicht mehr da. Sein versiegender Zufluss nährt, mit Pestiziden vermischt, nur noch die Baumwollfelder. Wer auf denen keine Arbeit findet, kann auch in die Uranminen gehen. Karakalpakstan hat die höchste Speiseröhrenkrebsrate der Welt.

Unterm Sternenhimmel und in Spuckweite zur turkmenischen Grenze tritt ein einäugiger Karakalpake aus seiner Jurte, begrüßt uns freundlich. Im Halbdunklen schlägt er eine Melone auf und teilt sie mit uns. »Mein Name ist Kasach-Bey«. Er erkundigt sich nach Alter und Beruf der Gäste, dem Wetter in Deutschland, wundert sich schließlich: »Und es gibt wirklich keine Kamele bei euch?« Sein Gebet gilt unserer guten Rückkehr.

Im Zug zurück nach Taschkent, Hauptstadt Usbekistans und letzte Station unserer Reise, teilen wir das Abteil mit einem anderen ost-westdeutschen Paar. Sie war zum Studieren nach Bayern gegangen, hatte dort ihn kennengelernt und überzeugt, mit ihr nach Chemnitz zu ziehen. In die Heimat. Das war ihr wichtig. Für ihn ist es ein Gewinn: »Ich arbeite ja eh von zu Hause und die Miete ist hier viel günstiger.« Er freut sich an seiner Bauernschläue. Seine Ausführungen zu ihrer letzten Reisestation, Iran, leitet er mit den

Worten ein: »Man kann ja von diesen Rassentheorien halten, was man will, aber …«

Meine Gedanken fliehen hinaus in die Steppe. Eilen voraus, nach Taschkent, in den Park mit der traurigen Eisverkäuferin, bedöst vom Summen der Maschine. Während unseres mehrstündigen Verweilens sehe ich sie keine einzige Kugel über den zerkratzten Tresen reichen. Die wenigen Passanten schleichen lustlos durch den verhangenen Tag. Nur die Trinker lachen. Zu laut. Zu hart. Da, wo einst die obligatorische Statue des Revolutionsführers stand, dreht sich nun ein leeres Karussell. Im Radio läuft »Lambada«, Hüftschwung, Heiterkeit. Die findet keine Entsprechung in den Gesichtern der Menschen im Park. Da ist nur Warten auf ein Gestern, das mit jedem Tag schwindet.

Zurück in Berlin ist es wieder Herbst in Deutschland. In den Bundesländern Brandenburg, Sachsen und Thüringen hat die AfD fast 25 Prozent der Stimmen geholt, hat jeder Vierte gegen ein friedliches Miteinander der diversen Gesellschaft votiert. Geworben hatte der parlamentarische Arm der rechtsextremen Bewegung mit Parolen wie: »Die Wende vollenden« und: »Der Osten steht auf!« Zwei ihrer Spitzenkandidaten und die komplette Parteispitze stammen aus Westdeutschland. Sie können sich nicht an 89 erinnern, denn sie waren nicht dabei, als Hunderttausende den Mut fanden, auf die Straße zu gehen und lautstark forderten: »Für ein freies Land mit freien Menschen.«

An medizinische Masken, Impfplicht, Patentrechte, Triage oder Warenströme dachte damals sicher keine der Ruferinnen. Auch nicht daran, immer höhere und tödlichere Mauern zu errichten. Das Mittelmeer war ein Sehnsuchtsort. Kein Grab. Freiheit war ein Vogel am Himmel. War ein Kuss. Das Wort NEIN war für alle da.

WENN MAL ALLET NICH MEHR IS

Auf geraden Wegen

Eine Rückkehr steht an. Das Jahr beginnt viel leiser als sonst. Beschwert. Leben unter Glocken. Jede ihre eigene. Jeder hinter Milchglasscheiben. Nasen und Münder verschluckt. Dafür Friedhöfe. Ich habe eine Grabrede gehalten. Es gab keinen Leichenschmaus. Der Sheriff durfte nicht dabei sein. Er muss noch viel lernen. Alleinbleiben zum Beispiel. Als ich die Koffer packe, fällt mir ein Buch in die Hand. Ewigkeiten her, dass ich darin las. Ich finde eine Widmung, an die ich mich nicht mehr erinnern konnte. Sie gilt der Freundin, die mir das Buch gegeben hat. Und ihrer Freundin. Die lange nicht mehr lebt.

Für meine guten Geister in Rheinsberg,
wo Preußen schön sein soll!
Herzlichst, Eure Barbara

Die Stadtgrenze im Rücken, überquert das kleine rote Auto hüpfend einen unbeschränkten Bahnübergang. Gerade ist die »Ferkeltaxe« vorbeigekommen, wie die Dinger früher hießen, zwei Waggons, die stündlich hin- und herpendeln zwischen den Bahnhöfen märkischer

Kleinstädte. Die Landschaft liegt nackend im Frost. Ein Bussard starrt missmutig aufs Feld. Mittendrin zwei Ponys. Trotzen der Welt steif, standfest. Die wiederkehrenden Motive meiner Kindheit säumen die so oft befahrenen Wege zuverlässig und vertraut. Der Februar ist der Februar ist der Februar.

Mit einem anderen kleinen roten Auto bin ich vor mehr als zwei Jahrzehnten täglich kreuz und quer durch diese Gegend gefahren. Rasen war nie meine Sache, Reporterin schon. Überholmanöver an Schlaglöchern heute wie damals. Das Moped röhrt am Anschlag. Mein Seitenblick erwischt das Mädchen kurz genug, um mich selbst in ihr wiederzuerkennen. Wenn sie absteigt, wird sie sich kaum mehr bewegen können. Knochen am Gefrierpunkt. Meine Simson war auch rot gewesen und frisiert. Ohne fahrbaren Untersatz ist man aufgeschmissen auf dem Land. Damals wie heute. Die Bahnverbindungen sind sogar schlechter geworden, teurer oder ganz verschwunden. Ich erinnere mich, klaglos zwei Stunden auf Anschlüsse gewartet zu haben. Die dann ausfielen. Also trampen. Das macht heute keine mehr. Schon damals, in den Neunzigern, hieß es auf einmal, das sei gefährlich. Dabei gab es doch endlich genug Autos auf den Landstraßen! Aber im Zeitalter des Individualverkehrs ließ man keine Fremden mehr rein. Ich lache. Der Sheriff leckt mein Gesicht. Das ist seine Art, Empathie zu zeigen. Beim Lachen schließe ich besser den Mund.

In der kleinen Senke kurz vor Gransee liegt ein Gehöft, an dem ich unzählige Male gedankenlos vorbeigefahren bin. Diesmal nicht. Nur wenige Tage ist es her, dass mein Großvater der Welt endgültig abhandengekommen ist. Dort, auf diesem Hof, hatte er ihr Licht erstmals erblickt. Er starb weder an noch mit dem Virus, das der Welt den Atem raubt, aber doch inmitten der Pandemie, ihres Schattens aus Einsamkeit und Angst. Das Krankenhaus, in dem er allem davonflog, liegt gleich gegenüber, auf der anderen Seite der B96. Fast kann man es von hier aus sehen.

Wir passieren Gransee, vorbei an der ehemaligen EOS Salvador Allende, durch das Neubaugebiet, wo ich mit Anett und Anke zwischen den Wäscheleinen tobte. Durch die Gärten, entlang der Stadtmauer. Wir fanden Geld im Gras, herausgefallen aus nassen Arbeitshosen, teilten es durch drei. Das blieb unser Geheimnis. In dieser Ackerbürgerstadt mit ihrem versandenden See ist mein Vater groß geworden. Hier hat er mir die steile Rodelbahn gezeigt, auf der an Ostern Eier getrudelt werden. Meine Tante und die Cousinen mit ihren Familien, allesamt sind sie dem Flecken treu geblieben. Für mich war er eine Zwischenstation. Da drüben, in dem großen gelben Haus. Meine erste Wohnung. Die hatte nicht mal eine Küche. Also brauchte ich keine.

In einem der nächsten Dörfer Richtung Rheinsberg ist meine Mutter aufgewachsen. Sie fuhr schon mit der Dampflok zur Schule. Opa hatte noch laufen müssen.

Kurzer Stopp. Der Sheriff muss sich übergeben. Zu viel Vergangenheit für ein Wesen, das ganz im Jetzt der holpernden Straße, des erst halbverdauten Frühstücks, seiner Unruhe bei längeren Fahrten lebt.

Bei Ankunft Handschlag. Gehört sich so. Ich trete einen Schritt zurück und strecke alternativ meinen Ellenbogen nach vorn. Der Leiter des Tucholsky-Museums Peter Böthig erklärt freundlich und ein bisschen gehetzt, was es für mich nun zu beachten gilt. Der andere Mann im Büro bemüht sich nicht aufzustehen, knurrt stattdessen: »Kennen uns ja schon. Warn ja schonmal hier.« Vielleicht hasst er einfach zweite Begegnungen. Oder er hat Magenschmerzen. Eigentlich verhält er sich so, wie ich es von den Hiesigen erwarte. Wahrscheinlich kommt er von anderswo.

Der große Innenhof des Marstalls gefällt dem Sheriff sofort, hier kann er machen, was er will. Das tut er auch. Erstürmt die Mauer zum Nachbargrundstück. Steht. Schaut. Springt. Einem Bellen hinterher. In den Abgrund. Mein Herz setzt kurz aus. Das der Nachbarin auch. Dann schauen wir uns verblüfft an. Der Sheriff rennt schwanzwedelnd auf sie zu. »Beißt der?«

Nur ein paar Tage vor meiner Anreise war Rheinsberg in die Schlagzeilen geraten: »Stolpersteine in Rheinsberg mit Hakenkreuz beschmiert«. Noch bevor es dunkel wird, suche ich die Stelle am Ufer. Traurig blicke ich zu Boden. Der Sheriff schnüffelt interessiert.

Ankunft mit dem Schnee

Die ersten Tage stehen voll im Zeichen kreatürlichen Miteinanders. Wir müssen den Umzug verkraften, uns mit der Umgebung vertraut machen, einen gemeinsamen Rhythmus finden. Gewohnheiten etablieren. Je eher, desto besser. Der Sheriff hat Pubertät. Da weiß man nie, wer da gerade an der Leine läuft.

Die Jaenickes von nebenan sind unser erster Anker. Der Sheriff wird freundlich begutachtet, und der regelmäßige Plausch übern Gartenzaun zur Institution. Herr Jaenicke hat eine neue Hüfte, die Sorgen macht. Mir sind die Halswirbel vorgefallen. Frau Jaenicke sorgt sich um ihre Mutter. Das Virus. Den Impftermin. Einigkeit besteht: »Wenn mal allet nich mehr is, kann man nüscht mehr machen.«

Der Sheriff ist zwar Frühaufsteher. Aber doch bitte nicht vor vier! Ich murre und drehe mich wieder um. Er lässt sich, ebenfalls murrend, wieder fallen. So wird es doch noch sieben. Ich knuddel ihn, obwohl er das nicht leiden kann. Schon gar nicht morgens. Langsamstarter sind wir nämlich beide. Ein Mariechenkäfer krabbelt über den Bildschirm. Es hat wohl eine Plage gegeben im letzten Spätsommer. Die Überlebenden habe ich mit meinem Einzug aus dem Winterschlaf geweckt. Vielerorts hat es in den letzten Tagen kräftig geschneit und geweht und geschneit. Der Rheinsberger Schlosspark blieb davon unberührt, nur nicht vom Frost. Die Temperaturen haben noch mal angezogen. Der See ist nun fast vollständig zugefroren. Ein Schwanenpaar landet, als wir den Mittelgang erreichen. Weit genug entfernt von Straße und Eissee. Ich halte den kleinen Sheriff gut fest. Bei seiner akuten Neigung zur Selbstüberschätzung will ich ihn nicht auf Gedanken bringen. Von der Leine befreit, ist er wieder außer sich vor Freude, schlägt Purzelbäume, galoppiert geduckt, gestreckt, geduckt, gestreckt. Wie eine Ziehharmonika-Rakete schießt er umher und bringt mich zum Lachen. Als seine Reaktion auf meinen regelmäßig einsetzenden Rückruf schwächer wird, geht es zurück. Angeleint. Grenzen setzen. Er hat wohl genug getobt und trottelt friedlich an meiner Seite das Seeufer entlang. Zurück in der Wärme schlägt es acht Uhr.

Bei der nächsten Runde kommt es auf den breiten Wegen des Schlossparks zur ersten Begegnung mit einem Artgenossen. Eigenartig, die Welt ist plötzlich wieder voller Dackel. Wie damals, zur Zeit der Wackeldackel. Werden die jetzt auch zurückkommen? Die Tiere mögen sich, springen umeinander herum, uns zwischen den Beinen hindurch. Die dackelführende Dame fällt über die Leine, landet auf dem Rücken und lacht. Ein sympathisches Paar, die beiden. Wenig später begegnen wir neben dem Ratskeller einer Nachbarin mit Yorkshire Terrier. Der Sheriff spielt sich auf. Ist gar nicht nötig. Ihr Kleiner sei kastriert, erklärt die Besitzerin rauchend und vollkommen gelassen. Hundebesitzererstkontaktschnack. Wie heißt er denn? »Lenin.« Als ich lauthals loslache, fügt sie noch hinzu: »So heißt hier keener.« Ich erzähle ihr von des Sheriffs Berliner Hundefreundin – Frau Merkel. Das Gesicht verdunkelt sich. Schnell wünsche ich einen guten Tag. Fuß!

Die Suche nach einem Spätverkauf – ich habe vergessen, Butter mitzubringen – führt mich in ein Eckgeschäft mit Skinhead hinterm Tresen. Immerhin nicht ganz klassisch, mit Oberlippenbart. Der

Sheriff bekommt einen Wutanfall. Er hält die vollgestopfte Mülltüte, die im hinteren Raum auf den Bierkästen thront, für ein Monster. Ich vermute, der Besitzer ist rechtsradikal. Mag sein, wir irren beide. Wiederkommen werden wir nicht.

Abends kehrt Ruhe ein. Das Fenster zeigt in Richtung Brücke. Doch in der Dunkelheit ist nichts und niemand zu sehen. Der erschöpfte Sheriff will nirgendwo hin, auch keine Geschäfte erledigen. Mit ein bisschen Zureden läuft er wenigstens die Hauptstraße entlang bis zur Eingangspforte des Tierbedarfsgeschäfts. Es muss lecker riechen. Er vermutet Artgenossen darin, hofft auf Einlass und legt sich vor die Tür. Neun Uhr. Wir brechen diesen Ausflug ab, den Tag und legen uns aufs Ohr. Die Nacht wird kurz.

Sechs Uhr vierzig. Hunderunde. Die Augen sind so müde, dass sie einen mürrischen Riesen erblicken, da hinten, vor der künstlichen Grotte. Und weil auch der Kopf noch müde ist, nehme ich es hin. Der Sheriff tobt durchs Dickicht, im Rausch, im Tunnel, scheint mich nicht mehr zu kennen. Was springt dort in der Ferne? Sind es Hunde? Zu groß. Rehwild! Zum Glück hat der Hund gerade keine Augen. Nur Nase. Erst, als ich energisch in die Hände klatsche, nimmt er mich wieder wahr, legt den Turbo ein und kommt angerast. Rakete. Zack. Leine dran. Auf dem Weg zurück zum Marstall bin ich ein bisschen erleichtert. Ich habe das Tier nicht an den Wald verloren, nicht an einen mürrischen Riesen, nicht an die Wirrnis seines im Umbau befindlichen Gehirns oder die klirrende Kälte, die sie gestern auf allen Kanälen heraufbeschworen haben. Mit Schnee und Sturm. Er grollt zwar mit mir, bleibt manchmal bockig stehen und schaut so böse er eben schauen kann. Aber er ist an meiner Seite. »Fuß.« Das hilft. Eine Minute. Zu mehr reicht meine Autorität am Morgen nicht.

Ein paar Tage später werden wir Bella treffen, eine ausdrucksstarke Bully-Dame. Sie trägt einen bunten Pulli. »Selbstgestrickt. Hat ja keine Unterwolle.« Die Besitzerin kramt in der Tasche und zieht eine

Frisbee heraus. Sie wirft mit Schwung. Bella flitzt. Der Sheriff wird zum Romeo, muss aber Abstand halten: »Sie hat es an der Hüfte.« Trotzdem bleibt Bella seine Nummer eins. Bis zum letzten Tag.

Glühwein und Würste

Mein Gefährte zwingt mich, zu schreiben. Die Tastatur zu bedienen, kontinuierlich und nachprüfbar für einen Sheriff mit gutem Gehör. Denn wenn ich nicht tippe, kann ich ja ebenso gut mit ihm Ball spielen. »Ich muss ar-bei-ten«, das versteht er. Stille Tätigkeiten wie Lesen oder Ins-Handtelefon-Schauen werden als unzumutbar empfunden. Schnaufen, Grunzen, Elendsmine. Also weiterschreiben. Bis er endlich wegnickt.

Gegenüber des Schiffsablegers verkauft der Ratskeller an einem kleinen Kiosk Glühwein und Würste. Bis wann er offen habe? »Na, wenn uns der Sturm nich wegweht, bis fünf.«

Fußballspielen in einem entlegenen Winkel des Schlossparks. Wir müssen uns bewegen, sonst droht das Erfrieren. Die Temperaturen sind weiter gesunken. Aktuell sieben Grad Minus. Der Sheriff flitzt ausgelassen seinem Lieblingsball hinterher, schleudert ihn in die Luft, springt dabei selbst mit der Eleganz eines Trabers, der zum ersten Mal nach langer Zeit wieder ins Freie darf. Da nähern sich ein paar grölende Gestalten. Angetrunkene Teenager. Einer der Jungen stürzt sich auf den Sheriff: »Wie süüüüß!« Der bleibt cool, setzt sich hin, reißt die Augen auf und lässt die Backen hängen. Nun werden sie alle euphorisch, wollen ihn knuddeln. Ihm wird es zu bunt. Er bellt. »Was ist denn los? Eben war er doch noch nett!«, kreischt eines der Mädchen. »Der steckt mitten in der Pubertät und weiß nicht mehr, wo hinten und vorne ist«, entgegne ich ruhig. Nun ruhen fünf Augenpaare auf mir, die Schultern hängen tief. »Wenigstens einer versteht uns«, flüstert der Kleinste. Er hält eine Tüte in der Hand, hebt sie meinem Blick entgegen. »Falls ich kotzen muss.« Ich komme mir vor, wie in einer Stephen-King-Verfilmung. Die Außenseiter ihrer Klassenstufe haben sich zusammengerauft, das Böse zu bekämpfen. Den mürrischen Riesen des Schlossparks vielleicht. Aber das hier ist kein Film. Das hier ist Jugend in der Pandemie. Da saufen sie sonntags im zugeschneiten Schlosspark, zweckentfremden die Kotbeutelspender, und das Böse bleibt unsichtbar. Ein Virus, das mutiert.

Es ist halb fünf. Der Uferimbiss sieht geschlossen aus. Doch, da ist noch jemand. »Hallo!« Entschuldigend weist der Wirt auf den immer weiter überfrierenden See. »Kommt ja keener. Mir is ooch kalt.« Da habe er eben die Faxen dicke gehabt. Ich nicke verständnisvoll aus meinem mehrlagigen Winterpanzer heraus. Na ja, der Glühwein sei noch heiß. Zum Mitnehmen. Dann findet er sogar noch eine Bratwurst. Die erste feste Nahrung nach drei Tagen Tütensuppen. Ich schlinge. Der Sheriff besteht jetzt nur noch aus Augen. Ich knipse ihm einen Wurstzipfel ab. Mit Handschuhen. Auch egal. Eine ältere Dame schlendert dem Eiswind trotzend vom Schloss her auf uns zu. Bleibt stehen. Sie hat sich in den Sheriff verliebt. »Und meiner friert doch so bei dem Wetter.« Ein Zwergpinscher, der sich weigere, einen Mantel zu tragen. »Damit geht der keinen Meter.« Sympathische Frau, Hund mit Würde.

Der Glühwein ist tatsächlich noch heiß. Und stark. Ich bekomme sogar im Sitzen weiche Knie. In der Stadtschreiberwohnung zieht es. Zum Glück gibt es ein zusätzliches Heizgerät. Der Sheriff bekommt einen Knochen. Akribisch schleckt er mein Gesicht mit seiner warmen Zunge ab. Er bedankt sich einfach gern.

Eine Blattwanze umkreist lautstark die mondrunde Deckenleuchte, landet schließlich erschöpft und desorientiert auf deren Oberfläche. Jetzt sind nur noch die Enten zu hören, die sich um die besten

Schlafplätze streiten oder einen Störenfried verjagen oder sonst was. Ist fast wie bei den Leuten: Irgendeiner meckert immer. Der Sheriff winselt im Schlaf.

Hin und Her

Heimweh nach der großen Stadt. Seit den Neunzigern, als mich Neonazis durch die märkische Heide jagten, neige ich zu Paranoia. Die kommt in Schüben. Dann hilft nur noch Berlin. Der Gestank, der Lärm, die Menschenmassen beruhigen mich. Das ist mein Indie-Tüte-Atmen. Der Sheriff kommt auch wieder in Form, läuft breitbrüstig durch den Kiez, stupst alle Menschen, die er kennt, freundlich mit der Schnauze an. Tobt mit Frau Merkel durch den Park und klaut der Nachbardogge Hugo das Essen aus dem Napf im Flur. Abends treffen wir Kindl, den alten Punkerhund. Hat den Sheriff immer ignoriert, nun fletscht er die Zähne und fällt über ihn her. Ich muss die beiden trennen. Kapselriss im linken Zeigefinger. Der Sheriff ist okay. Offenbar riecht er nun wie ein erwachsener Hund. Mit allen Konsequenzen. Von unserem Balkon aus beobachten wir Rauchentwicklung im Hochhaus gegenüber. Dutzende Löschfahrzeuge treffen ein. Das Sirenengeheul lässt nicht nach. Die besorgte Nachbarschaft steht ringsum und starrt in den Himmel. Später jagt die Polizei ein paar Kleindealer durch den Park. Ich bemühe mich, unauffällig zu sein. Der Sheriff kaut laut grunzend auf seinem Ball herum. Zeit, zurückzufahren. Nach Rheinsberg.

Es gibt immer und viel zu tun in einem alten Schloss, innen wie außen. Die Gärtnerinnen und Gärtner fahren in Miniaturfahrzeugen durch die weite Parkanlage. Wachleute patrouillieren. Hausmeister, Handwerker gehen ihrer Arbeit nach. Daran kann keine Pandemie etwas ändern. Neben den Hundebesitzern sind sie, die Angestellten des denkmalgeschützten Ensembles, meine Rheinsberger Gesellschaft. Der Sheriff rennt gerne ins Büro des Tucholsky-Museums. Da haben ihn fast alle gern. Das Sicherheitsteam wechselt im Schichtdienst. Zigarettenpläusche. Warum heißt es eigentlich »Zeit totschlagen«? Was für ein grässliches Bild für einen so erfreulichen Zeitvertreib. »Apropos. Das Internet ist kaputt.« Dafür kommen nun alle Journalisten gleichzeitig, schreiben, filmen, lichten ab. Der Sheriff ist fast so fotogen wie Sheldon, der Kater, dem das Schloss in Wirklichkeit gehört. Im letzten Land war es mal Volkseigentum gewesen. Ein Sanatorium. Das war, als meine Mutter noch Dampflok fuhr.

Aus meinem Fenster sehe ich Peter Böthig. Er kann gleichzeitig herumrennen, rauchen und telefonieren. Mit seinen sprunghaften Bewegungen wirkt er wie ein Gefangener beim Freigang im Innenhof. Einer, der die Flucht plant. Ich denke, er ist einer von den Leuten, die mehrere Leben gleichzeitig führen. Wäre er Dichter, hätte er zahlreiche Heteronyme, so wie Fernando Pessoa, dessen »Buch der Unruhe« er sicher längst gelesen hat.

Der Sheriff hat gelernt, vor Bank und Bäcker zu warten. Viel mehr braucht es ja auch nicht. Zwei Männer erklären, sie hätten eine Idee, wie mein Internetanschluss zu reparieren sei. Aber: »Wenn wir jetzt das Museum lahmlegen, dann geht die Alarmanlage los.« Aha. Also weiter ohne. Eigentlich auch schön. Es schneit die ganze Nacht hindurch. Im Radio: Fallzahlen. Inzidenzen. Experten. Streit. Und keine Trauer um die Toten. Rheinsberg macht erneut Schlagzeilen. »Festnahmen: Polizei findet bei Razzia Maschinenpistole und Munition«.

Erinnerungen

Die Stille am Morgen ist unheimlich. Angst macht keinen Lärm. Schneegestalten tapsen durch den Park. Ich habe Lust, etwas Warmes zu essen und erhitze eine Dose Irgendwas. Ein Festmahl in diesen kalten Tagen. Der Sheriff mag sowieso alles. Dosen oder Tüten. Oder vom Boden. Hauptsache Fressen. Ich habe mich vollkommen auf seinen Tagesablauf eingestellt. Gemeinsam halten wir Nickerchen. Meist döse ich nur und fange Erinnerungen ein.

Das jähe Erwachen in einem Zelt. Aktionscamp Mitte der Neunziger. Eine Frauenstimme singt: »Frisch auf, frisch auf, der Morgen naht! Der Freiheit Mutter ist die Tat!« Das Zitat des Anarchisten und Fürsten Kropotkin aus dem Munde einer Physikerin, die einst im AKW Rheinsberg forschte. Nun kämpfen wir gemeinsam für die »Freie Heide«, trainieren zivilen Ungehorsam, bewegen uns – Wilddieben gleich – durch verbotenes Terrain. »Militärgebiet. Betreten verboten!«, steht da auf Schildern. Die schrauben wir bis tief in die Nacht hinein ab. Eins nach dem anderen. Der Übermut packt uns. Ein Schlagbaum wird kurzerhand demontiert. Dem Gefühl, das Richtige zu tun, folgt Panik: Ein Werkzeugkasten ist in der Dunkelheit verloren gegangen. Hektisches Suchen, Stürzen. Keine Spuren hinterlassen. Nicht geschnappt werden. Das Wiederfinden im Morgengrauen feiern wir mit einer Kiste Bier. Stehen dabei bis zum Bauch im See. Adé AKW. Ins Meer mit dem Heer. Ich unterschrieb damals alle Briefe mit »Freiheit und Glück«.

Nachts haben wir die Wildgänse kommen hören. Am Morgen mischen sich einige von ihnen unter die Enten und Blässhühner, das Schwanenpaar vor unserem Fenster. Die täglichen Spaziergänge, die Winterluft, der tänzelnde Gang des weltentdeckenden Sheriffs bewirken ein Aufweichen der Fassade, mit der ich mich zu schützen gelernt habe.

Kalendereintrag 280221
Erinnerungen fluten die Tage, die Nächte. Gesichter, die vertraut erscheinen. Mitunter tatsächliches Wiedererkennen. Eben im Park der Junge von damals: »Ich hasse dieses Kaff. Verdammt, ich bin schwul.« Er lief direkt an mir vorbei. Dann schauten wir uns gegenseitig hinterher und staunten. Er wirkte glücklicher als damals. Aber trauriger als in jenen Nächten im Hinterhof hätte er auch nicht mehr werden können. Nachts sitze ich mit Karsten am Tisch. Das überwältigende Gefühl, ihn in den Arm nehmen, ihn drücken zu wollen.

Geister eines Lebens. Solange ich den Freund vermisse, ist er ja noch da. Oder? Was, wenn der Riese eine Riesin, was, wenn es Barbara Köhler war? Wenn uns mehr verbindet als diese Widmung für eine gemeinsame Freundin, der ich das Buch nun zurückbringe. Nach Rheinsberg, aber nicht in ihre Galerie Zitronengrau. Die gibt es schon lange nicht mehr.

Ein Kleinod mit Hinterhof ist das gewesen, Zuflucht für Nachtvögel, Tagediebe, Künstlermenschen und solche, die es werden wollen. Da war ich auch Peter Böthig zum ersten Mal begegnet. Und dem unglücklichen schönen jungen Mann aus dem Park. Bei einer Ausstellungseröffnung hatten wir beieinandergestanden. Hatten Uta Pilling gelauscht, die mit ihrer unvergleichlich zarten Stimme von den Härten des Lebens sang. Die erblindete Malerin, umgeschult auf Schifferklavier. Mein alter Freund Karsten hatte sich nachher angeregt mit ihr unterhalten. Hoffentlich führen sie ihr Gespräch dort fort, wo inzwischen beide angekommen sind.

Jahre später hatte Peter Böthig mich dann zu einer Lesung in der Remise einladen, die an jenem Abend knapp einem Orkan entging. Menschen blieben lieber zuhause. Bäume stürzten um. Ich las im

Sturm. Eine merkwürdige Stimmung hatte über dem Abend gelegen. Ich freute mich über das Gespräch mit einem älteren Ehepaar, die beiden saßen ganz vorn. »Mein Mann kommt ja aus Zehdenick wie Sie. Der hat da die Nazizeit miterlebt, als Kind.« Er habe den Widerstand vermisst. Der Mann sprach, vollkommen gegenwärtig mit dem frischen Zorn des Jungen, der er gewesen war: »Alle sindse mitjerannt und dann, bein Kommunisten, warense plötzlich wieder groß dabei.«

Frühling

Mitte April, Virologen und Mediziner fordern täglich einen neuen »harten Lockdown«, der kommt aber nicht. Stattdessen abendliche Ausgangssperren, gesetzlich verankert. Als ginge hier einer nach zehn vor die Tür. Morgens Raureif. Im Park wird die Uferbefestigung erneuert. Schweres Gerät. Beschützte Bäume am Wegesrand in hölzernen Rüstungen. Vor dem Fenster hüpfen Eichelhäher aufgeregt im Streit mit einem Paar Stare um eine Bruthöhle. Begehrte Lage, beste Aussicht, Altbaubestand. Eine Ente flattert bis hinauf zum Baumwipfel. Hat sie sich auch beworben? Treibt sie die Neugierde oder glaubt sie, zu Höherem bestimmt zu sein?

Das Internet ist endlich heile. Nun muss ich nicht mehr nach Berlin fahren, um Aktivistinnen, Moderatoren, Expertinnen, Politikern und Wissenschaftlerinnen zu Diskussionen in virtuellen Räumen zu begegnen. Meist sind Nazis unser Thema. Alte. Neue. Überall. Die Leiterin einer mobilen Beratungsstelle in Thüringen beginnt ihren aktuellen Überblick menschenfeindlicher Übergriffe mit einer Warnung: »Achtung, wir nennen das die Achduscheiße-Aufzählung.«

Vor dem Fenster: Frühling. Die Wildgänse mit ihren vier Küken werden von den Parkgästen bestaunt. Es gibt immer eine dritte Gans, die die Lage genau beobachtet und im Zweifelsfall einzuschreiten bereit ist. Denn sie wissen, was sie tun. Daneben eine Gruppe Rentnerinnen bei Turnübungen. Heiter. Heute stolpern Kindergartenkinder vergnügt die Treppen hoch und runter. Dass der Uferweg gesperrt ist, macht ihnen nichts aus. Die stete Bewegung des Sees mit dem Winde hat die Befestigung unterspült, dahingerafft. Wenn der Mini-Bagger läuft, vibriert der Boden. Bis hinauf an meinen Schreibtisch. Die Schwäne aber merken nichts davon. Gestern haben wir sie beim Liebesspiel beobachtet. Als es zum Äußersten kam, klangen die verzweifelten Schreie des Weibchens – das Männchen drückte es vollständig unter Wasser und biss dabei kräftig in ihren Hals – wie Autoreifen auf Schotter. Bei Vollbremsung. Anschließend rieben sie ihre Hälse mit allergrößter Vorsicht aneinander. Verblüffend. Dem Sheriff fällt dazu auch nichts ein.

Herr Eigentlich findet, hier Wachmann zu sein, sei der beste Job der Welt. Er nimmt seine Aufgaben ernst. Wir werden öfter ermahnt. »Also eigentlich ist das verboten.« Eigentlich. Mit einem seiner Kollegen, der schon länger dabei ist, tausche ich regelmäßig Naturbeobachtungen aus. Ich höre ihn gerne reden. »Gestern gab es einen Sonnenuntergang, Mann ... Klingt komisch, aber dit haste nur hier.« Auf seiner ersten Runde in der Frühe begegne er immer den Gänsefamilien und zähle die Küken durch. »Dieset Jahr sind alle durchjekomm.«

Nachtspaziergang. Der Temperaturwechsel hat uns schlaflos gemacht. Auf dem nächtlichen Uferweg kommt uns eine alte Bekannte entgegen. Ihr großer schwarzer Hund ist friedvoll. Die Frau spricht voller Liebe von ihm. »Ick hab meine Tiere immer stärker betrauert als den Verlust von Menschen.« Sie zögert kurz, beobachtet meine Reaktion und fährt fort: »Is eben so. Darf man ja keem erzähln.«

Rückkehr mit dem Sommer

»Dit hattenwa sonst schon im Mai.«

Hattenwa.

Vorm Ratskeller sitzen Gäste an Tischen, genießen – behutsam, fast staunend – den Zander auf Linsen, das Schnitzel mit Kartoffelsalat. Tagestouristen fragen nach dem Weg. Der Ort ist verwandelt. Blickdicht die Hecken, grün wächst es zu den Wolken.

Auch ich zähle nach. Ja, die Gänseküken sind alle durchgekommen. Die ersten sind bald flugfähig, tragen frisches Gefieder. Sie schwimmen Parade. Da, ein fröhlicher Berg aus langem Wuselfell – ein noch unbekannter Riesenbobtail springt vergnügt auf den Sheriff zu. Dem ist das alles zu viel. Eben noch waren wir zwei Wochen in Berlin und sind nun wieder hier. Warum, das weiß er nicht. Impftermine, Verpflichtungen, Proben – das alles sagt ihm nichts. Er muss nehmen, was kommt.

Bei den Nachbarn steht das Gras kniehoch. Daraus wird Heu gemacht. Für die Hasen. Frau Jaenicke steht gebeugt im Beet und rupft Unkraut. Kopfschüttelnd kommentiert sie den geringen Wuchs der Erdbeeren: »War zu kalt jewesen.« Ihr Mann winkt fröhlich aus der Garage. Er hält eine Sense. Die neue Hüfte hält.

Sechs Uhr früh. Hunderunde. Im Park sind die Ghostbusters unterwegs. Wahrscheinlich sind ihre Kanister mit Pflanzenschutzmitteln gefüllt. Ich stelle mir lieber vor, wie sie Jagd auf die spukenden Geister des alten Fritz und seines Katte oder auf den mürrischen Riesen machen. Hinter einer Wegkehre sitzt ein Eichhörnchen vor uns am Boden. Erschrocken eilt es den Baum hinauf. »Da!« Der Sheriff hat es nicht gesehen. Zu schnell. Zu hoch. Er tobt trotzdem los. Auf der Suche nach diesem komischen »Da!« Er weiß, dass es irgendwo sein muss, das »Da!« Ich habe es schließlich gesehen.

Die Parkpflegerinnen und pfleger hocken wieder in ihren Miniaturfahrzeugen, fegen, baggern, ackern. Auch die freundliche Dame, die die öffentlichen Toiletten bewacht und in Ordnung hält, hat ihren Platz eingenommen. Als ich ihr von meiner erfolgreichen Erstimpfung erzähle, schaut sie sorgenvoll: »Es sind schon so viele gestorben.« An der Impfung, meint sie. Später im Briefkasten ein Flyer. Die Partei »Der III. Weg« warnt vor der Impfdiktatur. »Das System ist gefährlicher als Corona!« Hat sie die Wurfsendung schon früher gelesen? Und geglaubt, was da steht?

Volksgesundheit. Volksstimme. Volkssolidarität. Volkes Stimme. Ein ehemaliger DKP-Funktionär ist parlamentarischer Geschäftsführer der AfD-Fraktion in Sachsen-Anhalt. In der hiesigen Tourismusinformation ist ein ehemaliger Linksradikaler beschäftigt, der heute für die AfD im Kreistag sitzt. Antikapitalisten sind sie geblieben. Und Völkische geworden.

Das Café Tucholsky hat jetzt auch wieder geöffnet. Aber kaum etwas darin deckt sich mit meiner Erinnerung an diesen Ort. »Wir gehören zum Seehotel.« Beim Eintritt in den schattigen Außenbereich ist es noch notwendig, eine Maske zu tragen. Am Platz darf ich sie absetzen. Manche Regeln sind merkwürdig. Aber nichts, was einen umbringt. Denke ich und beobachte Vatermutterkind, die sich schimpfend an den Nachbartisch setzen. Alles zu kompliziert. Politiker sind »Vollschweine«. Das Kind schweigt. Es soll nicht sprechen. Die Kellnerin kommt. Das Kind darf nicht scharf essen. Der Saft nicht zu kalt, bitte. Die Currywurst ohne Curry. Verträgt es nicht. Sie gibt die Wünsche weiter. Vatermutter meckern weiter, begehren auf. Unrechtsregime! »Papa hat ja weiße Haare«, spricht plötzlich der Kindermund. Schweigen.

Der Sheriff ist endlich geschwommen. Mindestens eine Viertelsekunde ohne festen Boden unter den Füßen. Er schnauft und würgt und ist begeistert. Alles, woran er nach diesem erschöpfenden

Abenteuer noch denken kann, sind Mädchen. Als wir vorm Schloss endlich eine junge Hundedame treffen, dockt er sofort hinten an. Die beiden sehen aus wie ein kleiner Zug. Die Besitzerin wirkt leicht konsterniert. Der Sheriff beginnt lüstern zu grunzen. Davon bekommt nun selbst die verspielte Chow-Chow-Hündin schlechte Laune. Na prima. Mein Hund ist sexbesessen. Wir werden wohl weiter Schwimmen üben müssen, bis er wieder zurechnungsfähig wird.

Sonntagsruhe. Der Graureiher trägt große Beute im Schnabel, landet und schluckt sie in einem Stück hinunter. Niederschmetternd unumkehrbar. Aus Perspektive des Fisches.

Heute wählt Sachsen-Anhalt. Abwärts. Weiter. Weil wirklich etwas ändern, da glaubt ja keiner dran. Außerdem wäre es anstrengend. Kompliziert. In Dresden ist ein indischer Student in seinem Wohnheim verstorben. Ursache könnte die gefürchtete neue Covid-Mutante sein. Bild titelt: »Metzger Helmut hat endlich sein Schweineherz«.

Ein Mann nähert sich brüllend vom Park. Die Weltlage treibt ihn um. »Donald Trump war der wahrhaftigste Präsident, den wir haben konnten!« Als er die kleine Brücke unter meinem Fenster erreicht, stapft er mit den Füßen auf. Die Fischlein stieben davon. Nun ist er ganz bei sich: »Ey, scheiße Alter, mir kotzt dit allet an. Wat sollick denn alleene machen!«

In meiner Fantasie antwortet Frau Jaenicke: »Na nüscht!«

Ich widerspreche nicht und packe meinen Koffer. Der Sheriff ist hier erwachsen geworden. Ein bisschen. Wir werden den Park vermissen.

PROVINZ DES MENSCHEN, ODER: DER SCHICKSALSAUTOMAT BRAUCHT KEINEN STROM

> Warum sind nicht mehr Leute aus Trotz gut?
> *Elias Canetti*

Herbst 2021. Noch immer hält die Pandemie das Land im Griff. Noch ahnt niemand, dass schon bald die Angst vor der allerletzten Bombe wichtiger sein wird als das mutierende Virus. Noch hat man andere Sorgen als steigende Preise für Gas, Öl und Bier. In unmittelbarer Nähe der deutschen Hauptstadt ist ein Wolfsrudel gesichtet worden. »Wann wird das erste Kind gerissen?«, befeuert eine Schlagzeile die aufkommende Panik. Ein Schäfer aus Brandenburg wird zitiert: »Das ist wie Krieg.« Ein frisch aus der Metropole hergezogenes Paar gibt sich begeistert: »Schön, dass die wieder da sind.« Sie seien Naturliebhaberinnen. Das kann man auch gut an der Kleidung erkennen. Funktionsmode als Fetisch. Der Schäfer trägt keine Gummistiefel. Der Schlamm steht ihm bis zu den Knien.

Provinz ist überall. Und nie verschieden. Geht ihre Zeit zu Ende? Hat sie erst begonnen? Werden einmal Lamas auf dem begrünten Berliner Alexanderplatz grasen, heute noch leere Landschaften mit dezentralen, aber eng vernetzten Siedlungen gefüllt sein, deren Bewohnerinnen nachwachsende Rohstoffe und Lebensmittel zur Grundversorgung produzieren? Oder veröden weiterhin Orte, versanden die Felder, verschwinden die Wälder und bleiben nur noch jene zurück, die sich nichts anderes leisten können, als Teil einer verschworenen Gemeinschaft zu sein?

An einem abgelegenen, wilden Arm der Havel hocken sich Alteingesessene und Neulinge gegenüber. Stumm. Wie es sein muss, wenn ein Fisch anbeißen soll. Diesseits wie jenseits des Ufers geht es um eine warme Mahlzeit. Monatsende. Taschen leer. Manchmal schmeißt einer von den Alten einen Stein nach den Kindern. Aus Streitlust. Um zu sehen, wie die Neuen, die Fremden reagieren. Alles in allem kommen sie gut miteinander aus. Zumindest beim Angeln. Das müssen sie auch. Denn keiner will erwischt werden. Der Mann vom Ordnungsamt hat immer schlechte Laune. Dass der alleine lebt, ist ja wohl klar. Als Warnung vor ihm gilt ein kurzes, scharfes Zungenschnalzen, so, wie man einen Hund ermahnt, der sich zu weit entfernt. Die einzigen Hunde, die tatsächlich zu hören sind, bewachen das riesige Grundstück da vorn am Kanal. Der Familie hat schon zur Kaiserzeit die halbe Stadt gehört. Wenn die Reichsflagge über dem Anwesen weht, ist der Sohn zu Hause und feiert mit Freunden. Er leitet einen Sicherheitsdienst, der auch das Wohnheim bewacht, in dem die Neulinge mit ihren Kindern wohnen. Hauptsitz ist Berlin. Da gibt es mehr zu tun. Mehr »von denen«.

Gleichzeitigkeit des Ungleichzeitigen. In Ostdeutschland, dem »Laboratorium der Demokratie«, wie es der Soziologe Steffen Mau genannt hat, gibt es auch Erfahrungsvorsprünge. Zum Beispiel im Nichthinterherkommen. Ein Lebensgefühl, das um sich greift, das Menschen aus den urbanen Räumen aufs Land hinaustreibt. Die stets Gebliebenen wundern sich, wurden die eigenen Kinder doch längst von Westprovinzen verschluckt und als zeitgemäß zugerichtete

Verbraucherexistenzen in ihre kreditfinanzierten Reihenhäuser wieder ausgespuckt. Weit genug entfernt vom Ortsrand, wo die Kinder anderer Eltern auf ihrer Flucht aus den zerstörten Provinzen der Welt hinter Stacheldraht auf weißen Fluren hockend darauf warten, dass ein Gericht entscheidet, wer die Toiletten im Dorfgasthof putzen darf und wer nicht.

Die Sehnsüchte meiner Jugend in der ostdeutschen Provinz hatten Berlin gegolten – Ostberlin, das für alles stand, was wir vermissten. Westberlin existierte nur als leere, grau schraffierte Fläche inmitten der Landkarte der DDR. Rauchend saßen wir auf unseren Mopeds am alten Bismarckturm bei Gransee, der höchsten Erhebung weit und breit, richteten unsere Blicke kühn nach Süden. Und tatsächlich war an guten Tagen die Spitze des Fernsehturms zu erkennen, dort, in der Ferne. Mit Mauerfall und Landverlust potenzierte sich die Anziehungskraft nochmal erheblich. Schlaflos liefen wir mit geklauten Farbeimern durch leere Gassen und hinterließen Botschaften an den Wänden der neu eröffneten Supermärkte. »Glaube nichts, erlebe alles!«, lautete unsere verstörte Reaktion auf den Verlust von Freundinnen, Freunden, Gemeinschaft. Eigentlich hatten wir Nietzsche zitieren wollen, doch der genaue Wortlaut war uns vor Aufregung entfallen. Also improvisieren. Ein eklatanter Misserfolg. »Vandalismus!«, waren sich alle einig. Großer Aufreger für so eine kleine Stadt. Die Parole war Nebensache. Inhalte interessierten nicht. Auf die Oberflächen kam es an. »Sachbeschädigung!« Die Dinge hatten plötzlich an Wert gewonnen, nun, wo sie nicht mehr allen gehörten. Wer nicht aussortiert werden wollte, musste lernen, sich so zu verhalten wie die Menschen in den Vorabendserien. Oder wenigstens aussehen wie die Modelle in den Katalogen der großen Warenhäuser. Lernen, jemand anders zu sein. Nicht aufzufallen als Altlast. In der neu geordneten Welt. Aber was, wenn das gar nicht geht? Wenn eine sich nicht verstellen kann, dagegen ist oder anders als die anderen? Immer wieder denke ich an die Jagdszenen, die die Ortskerne der Provinzen in den Neunzigern prägten. Die mit Baseballschlägern und von Stiefeltritten Ein- und Aussortierten hatten sich zu fügen oder mutiger zu sein.

Mehr als dreißig Jahre später kennen die Jäger von damals ihre demokratischen Rechte genau. Strengen Klagen an, wählen AfD, beflügeln diese, sind ganz Partei, sind Stichwortgeber für die Kampfkampagnen: »Hol dir dein Land zurück«. Wildgänse ziehen nach Süden. Sie schreien Tag und Nacht, während die Ergebnisse jeder Wahl zuverlässig den Umriss des untergegangenen Landes nachzeichnen. Der Osten bleibt blau. »Typisch«, murmelt es aus den Redaktionsstuben. An den Wirtshaustischen. Drüben im Westen, im Schatten des Limes, der zur Römerzeit die assimilierten von den wilden Barbaren trennte. Wo alles gut ist. Funktioniert. Sie werden schon morgen erneut wegschauen, als würden nicht auch in München Plakate schreien: »Hängt die Grünen!« Die Kleinpartei »Der III. Weg« ist vor ein paar Jahren von hessischen und rheinland-pfälzischen Neonazis gegründet worden. Mittlerweile finden sich ihre Aufforderungen, das »Corona-Regime« zu stürzen, breit ins Land gestreut. Auch vor den Toren Berlins, in den Briefkästen des beschaulichen Örtchens Rheinsberg, der »Fontane-Stadt« Neuruppin, der Naturcampingplätze und Heimatmuseen. Dieweil die Lokalzeitung von Hausdurchsuchungen kündet, von im Wald vergrabener Munition, Schüssen in der Nacht. Die Furcht ist in der Provinz eine andere. Weniger theoretisch.

Das überfahrene Reh, zugedeckt mit einer Warnweste, bevor der Unfallverursacher weiterfuhr. Der wütende Landwirt, der das von Wölfen gerissene Rind an den Hinterbeinen vor das Rathaus hängt. Navigationsgeräte, die Städter an Abgründe führen. Pachtbetriebe. Bodenlos. Bauern, die aufgeben. Die Kühe zuerst erschießen. Sandstürme. Dorfkrieg. Landgrabbing. Einer profitiert vom Schaden des anderen.

Eine Kleinstadt in Brandenburg. Es gibt ein paar Heimkehrer, die zur Arbeit nach Berlin pendeln, die Elternhäuser geerbt und ausgebaut haben. Die meisten wurden längst verkauft. Mit Erreichen der Rente waren ihre Besitzer den Kindern und Enkeln nach Westen gefolgt. Wenigstens am Ende wieder zusammen sein. Friedhöfe verwaisen, die heißen: »Zur schönen Aussicht«. Ungepflegte Gräber werden eingeebnet, aussortiert. Wenn nichts mehr sonst in Ordnung ist, wird Anordnen zum Zwang. Die noch immer unbewältigten wirtschaftlichen, sozialen und politischen Verheerungen, die aus dem Zusammenbruch vor über 30 Jahren und der rasanten Übernahme resultieren, prägen Landschaften, Körper, Ortsbilder. Vormittags bevölkern Rentner mit Rollatoren die Innenstädte. Alle haben Arzttermine. Rentnerinnen schieben ihre Fahrräder an den Ständen der Wochenmärkte entlang. Der Einzelhandel liegt brach. Geschäfte stehen leer. Auf heruntergelassenen Rollläden kleben Werbeplakate für längst vergangene Feste. Bei Schulschluss füllen die hellen Stimmen der wenigen Kinder die leer gewordenen Straßen im abnehmenden Licht des Nachmittags. Abends, an den Bushaltestellen, vor Getränkeläden, an den Ufern der Seen – sind vor allem Männer in Gruppen zu sehen. Junge. Alte.

»Ich kann mich sehr gut an den Satz erinnern: Die Erwerbsneigung der ostdeutschen Frauen ist doch sehr übertrieben und die muss auf ein Normalmaß herunter geschrumpft werden. Dann haben wir auch wieder anständige Arbeitslosenzahlen. Das sind so Sätze, die vergisst du nicht als Frau.« Katrin Wolf, Tochter des Schriftstellerpaares Christa und Gerhard Wolf, wurde als persönliche Referentin der Gleichstellungsbeauftragten der letzten DDR-Regierung zur Feministin. Der Großteil der 3,8 Millionen Menschen, die seit dem Mauerfall fortgingen, waren junge und gut ausgebildete Frauen. Es blieb ihnen nichts anderes übrig, als sich anderswo einzusortieren. Männerüberschuss. Überschüssige Männer. So viele, die fehlen. Die sich woanders einbringen. Das Ungleichgewicht weiter verstärken.

Wem gehört das Haus? Der Boden? Der bezaubernde See dort? Dieser Tage erleben die Bewohnerinnen entlegener Regionen in Ostdeutschland erneut, wie Investoren in Goldgräberstimmung an die Türen der Verwaltungen und übriggebliebenen Bauern klopfen. Fruchtbares Ackerland soll nun hektarweise der Stromgewinnung »zugeführt werden«, wie es heißt. Der Solarpark-Run überrollt die Kommunen. Bedroht in seinen Ausmaßen nicht nur Landwirtschaft und Landschaft, sondern abermals auch den Frieden in den Gemeinden.

Die Uckermark zum Beispiel. Mittvierziger, die sich noch erinnern, wie das war, damals. Auf Knien hinter Kartoffelsortiermaschinen her. Im Dreck. Damit auch die kleinsten Früchte nicht verloren gehen. Jungen und Mädchen wurden direkt aus dem Klassenzimmer aufs Feld geholt. Die eigenen Kinder, heute, bekommen nicht einmal mit, wenn der See zufriert. So wie im letzten Winter. Da sind sie, wegen der Kälte, einfach nicht aus ihren Zimmern gekommen. Das geht auch auf dem Dorf: vierundzwanzig Stunden online sein. Rausch suchen. Den Schicksalsautomaten anhalten. Die alte Menschensortiermaschine.

Ja, die Uckermark. Nicht lange her, da dienten zerfallende Gehöfte Künstlerinnen als Rückzugsorte, als Asyl für Dekadente, Unangepasste, Linienuntreue. Wurden schließlich aufgegeben, als eine solche Isolation nicht mehr nötig war. Nur wenige sind noch heute bewohnt von Leuten, deren Kunst in der großen Stadt keinen Anklang fand. Die ihr Auskommen vor Ort gefunden haben. Öffentliche Aufträge abgreifen, wann immer etwas bunter werden soll. Die meisten Höfe aber sind längst weiterverkauft. Verwandelt. Vom improvisierten Wohnzimmer der Berliner Bohème zur vollsanierten Sommerfrische für die Besserverdiener der »Kreativwirtschaft«. Wo man in

Eintracht mit den Nachfahren des letzten deutschen Kaisers Wohlfühloasen schafft, alte Landgüter bewirtschaftet, die Immobilienpreise in für Einheimische utopische Sphären treibt. Die alten Herrenhäuser sind die neuen. Dorfjugend zu Knechten, Küchenhilfen und Pferdetrainerinnen.

Bürgerkrieg in Gerswalde. Die zugezogenen Großstädter rümpfen ihre Nasen, wenn an Himmelfahrt Männer martialisch nach Bier brüllen. Dass die jedoch am nächsten Morgen wieder früh auf den Feldern stehen, in den Ställen und schwere Maschinen bedienen. Dass mancher seinen Hof ganz allein bewirtschaften muss, weil kein Geld mehr übrigbleibt, jemanden anzustellen. Dass ein Buch zu lesen schwerfällt, bei vier Stunden Schlaf pro Nacht. Das alles scheint so schwer vermittelbar wie umgekehrt die Leidenschaft für japanischen Tee in selbstgetöpferten Tassen. Für Yoga im Kornfeld, Operngesang und Tofubratwurst. Nur einen Hasengalopp weiter, am Unterquast des Oberuckersees, hat man sich vor 31 Jahren nicht behumpsen lassen. Dafür ist jeder der maroden, schilfüberwucherten Bootsstege nun mit Vorhängeschloss vor allen Ortsfremden geschützt. Die Gaststätte riecht nach Planwirtschaft und Bohnerwachs. Man bleibt unter sich, unter Rentnern, unterm Radar.

Neue Ordnung. Sichere Räume? Erobertes Gebiet. In den Köpfen. In den Gassen. Die Feldwege entlang. Überholen ohne einzuholen: Labor und Innovator für Raumentwicklung, Demokratie, Migrationsforschung. Versuchsstationen im Wandel der Zeit: Einst suchten sie auf den Feldern hier nach Lösungen gegen den Hunger der Welt. Nun werden Saaten patentiert. Carlsberg ist an der Gerste dran, hört man. Die Pandemie hat neue Prozesse der Aneignung beschleunigt. Die Wochenend-Stadtflüchter ließen selbst die Preise für Kleingärten in Eisenhüttenstadt explodieren. Marode DDR-Bungalows werden gegen Höchstgebote verkauft. Wer es sich leisten kann, sucht aus, wo er residiert. Freiräume entstehen anderswo, weiter weg, aus Gründen wirtschaftlicher Not. In Zeitz zum Beispiel – wo der Leerstand Preise macht. Künstlerkarawanen ziehen in Suchbewegungen weiter wie Wünschelruten über Wüstensand.

Was beim Blick in die leeren Zentren rasch ins Auge fällt, sind die Ähnlichkeiten. Die Warenförmigkeit der Körper, Erfahrungen, Architekturen hat bald alle Unterschiede eingeebnet. Ein sterbender Ort gleicht dem anderen. Keine Arbeitsplätze – kein Leben. Kein Leben – keine Arbeitsplätze. Die größte Bedrohung für kleine und mittlere Betriebe in ländlichen Regionen ist der wachsende Mangel an Fachkräften. Gleichzeitig häufen sich Abschiebungen gut integrierter junger Leute mit frischen Arbeitsverträgen, allen Bemühungen funktionierender Netzwerke zum Trotze.

Auf ihrer Flucht über Belarus und Polen laufen Menschen in Gruppen durch die zunehmende Kälte gen Westen. Die Glücklichen unter ihnen überqueren am Ende die Oder bei Frankfurt, wo sie aufgegriffen, registriert und in Erstaufnahmeeinrichtungen sortiert werden. Das Weggesperrtsein hinter Mauern verhindert jede individuelle Begegnung. So erfährt auch keiner, dass da Lehrerinnen, Handwerker und Köchinnen kamen. In Schleswig-Holstein nennen sie dieses Konzept: »Wohnen minus Freiheit«. Die Sprache verrät alle. In Cottbus werden Taxigutscheine an nicht-weiße Dozenten verteilt. Ihr Weg zum Campus soll sicher sein. Man will die Leute halten, auch wenn das haltlos erscheint. In Suhl beschließen sie, Ausbildungsverträge nach Vietnam zu vergeben. An Vietnamesen seien die Leute ja schon aus der DDR gewöhnt. Spuren der Migrationsgeschichte Ostdeutschlands, freigelegt weniger aus freien Stücken denn aus Notwendigkeit. Es herrscht Mangel an Menschen.

Ein Schwarzer Junge läuft auf der Landstraße in ein Waldstück hinein. Vor Reisen nach Eritrea wird derzeit gewarnt. Die Dunkelheit macht ihm nichts aus. Furcht setzt erst ein, als sich Scheinwerferaugen nähern. Er verlässt die Straße, hockt sich in das Gras im Graben.

Erst neulich haben sie seinen Freund vor sich hergejagt. Aber vielleicht war das gerade auch der freundliche Herr Albrecht, der manchmal hinausfährt in das alte Forsthaus, um seine Hilfe anzubieten. Als Nachhilfelehrer. Oder eine Mitfahrgelegenheit. Sicher ist sicher. Der Junge ist achtsam und läuft jeden Tag zu Fuß in die Stadt zur Schule und wieder zurück. Sonst wissen wir nichts über ihn. So wie alle anderen. Wo versteckt sich eigentlich die Neugierde? Es gibt sie doch, oder? Wir tragen die Herkünfte in unseren Körpern durch fremde Provinzen, in Städte, durch die Welt.

War die DDR migrantisch? Ja. Aber. Die mittels Kasernierung verhinderten Kontakte und der Mangel an Erfahrungen, an Übung und Austausch setzen sich weiter fort, in großer Unkenntnis der eigenen Geschichte. Hinzu kommen neue Versuche, Welt zu vermeiden. Die völkische Landnahme trägt das Gesicht besorgter Mütter, die sich einmischen. Im Kindergarten, beim Gemeinderat. Die Kuchen backen und beständig Zweifel säen, Gerüchte verbreiten, WhatsApp-Gruppen mit Geschichten in Schwarz und Weiß füttern. Sie trägt ordentliche Kleider und Zöpfe, erntet Äpfel und macht Most daraus. Die völkische Landnahme renoviert alte Burgen und Höfe, lädt in Salons mit der örtlichen Buchhändlerin ein. Die völkische Landnahme gibt Feste zur Sonnenwende, da kommt das ganze Dorf und feiert mit. Brauchtumspflege, Wurzeln, Lagerfeuer – eine bessere Zeit beschwörend, schauen Soldaten in die Flammen und werden sentimental.

Der Herbstwind fegt Blätterbraun zu Haufen. Vor der St. Maximi Kirche im sachsen-anhaltinischen Merseburg palavern Schulkinder wild durcheinander. Ihre Worte – deutsche, englische, arabische und russische – überlagern und verknuseln sich, übertönen selbst das Glockengeläut. Das gemeinsame Lachen hallt noch lange über den Platz. Ein Auto parkt hinter der Kirche, gleich neben dem Taj Mahal, Lieblingsrestaurant der aus den Metropolen Zurückgekehrten. Die streng gescheitelten Insassen des verdunkelten Gefährts verabschieden sich voneinander mit illegalem Gruß. Sie haben eine lange Fahrt aus der schwäbischen Provinz hinter sich. Vernetzungstreffen. In einem alten Bauernhaus. Mehr Selbstdisziplin war dort gefordert worden. Sie wollen heute auf Bier verzichten. Und morgen ausgeruht zurück.

Von der Landeshauptstadt Magdeburg fährt ein letzter Bummelzug nach Berlin ab. Die Anbindung ist miserabel, nicht nur hier. Die Frage, ob ein ICE hält, wird lebensentscheidend. In Chemnitz, der zukünftigen Kulturhauptstadt Europas, wissen sie ein Lied davon zu singen. Chemnitz und Zukunft im selben Satz, es geht ein Licht durch den Riss. In den halbleeren Abteilen des Regionalzugs funken Fahrgäste vielsprachig in andere Provinzen der Welt hinaus. Ein Mann singt dem Säugling, der ihn aus dem winzigen Bildschirm seines Telefons anlächelt, ein Lied. Der Schaffner mahnt ihn zur Ordnung. »Das macht man bei uns nicht.« Nächster Halt: Potsdam Sanssouci. Keiner steigt aus oder ein.

Westlich des Limes, in den Vororten des Rhein-Main-Gebietes, findet derweil ein Generationswechsel statt. Nur vereinzelt sieht man noch jene die Bürgersteige vor den Reihenhäusern fegen, die in den boomenden Jahren der BRD zugezogen waren. Die Grundstücke sind nach wie vor begehrt und teuer, doch die Familien, die nun folgen, tragen stolz die Namen von Eltern, die einst als Gastarbeiter ins Land geholt wurden. Ihre Bildungsabschlüsse sind hart erkämpft. Sind Widerständen abgetrotzt, die sie selbst verändert haben. Busse und Züge verkehren im Minutentakt. Die Volkshochschule hat eine ostdeutsche Autorin eingeladen. Sie liest und spricht über das Aufwachsen in der DDR, die sozialen Probleme der Umbruchszeit, rassistische Gewalt. Der Raum ist voll. Auf der einen Seite hocken staunend die Rentner der goldenen Zeit. Auf der anderen hören Schülerinnen hochkonzentriert zu. Sie haben viele Fragen: »Da, im Osten, in welche Orte können wir da fahren, wo es ungefährlich ist?« Eine Klassenfahrt steht an. Die Autorin empfiehlt ein paar größere Städte. Berlin. Leipzig. Vielleicht Rostock, Dresden? »Ja, traut euch, aber geht immer in Gruppen hinaus.« Jamal, dessen Afrofrisur fast die Decke berührt, steht kurz auf. Er entschuldigt sich. Fragt in breitestem Hessisch: »Hawwe Sie Instagram? Isch wär gärn Ehr Follower.«

Auch hier ist Provinz, aber postmigrantisch. Die Hautfarbe verrät nichts über den Dialekt und umgekehrt. Es darf gesprochen und geschrieben werden, auch über schmerzhafte Erfahrungen. Es gibt vielleicht keinen Buchladen, aber man kann den Vereinsraum der Feuerwehr auch für eine Lesung nutzen. Provinz ist es dennoch, mit allem, was dazugehört: Fehlende Eloquenz. Internalisierte Furcht vor Veränderung. Gardinenpflicht und Lauschen an den Wänden. Provinz wohnt auch in den Städten. Provinz ist in den Menschen. Provinz kann aufregend sein, herausfordernd. Eine Zumutung. Für viele Menschen ist sie genau richtig so. Allen Widerständen zum Trotz wachsen still Komplizenschaften, Kooperationen. Aus Notwendigkeit. Weil man auf Hilfe angewiesen ist, auf Zuzug und Verjüngung. Weil der Schicksalsautomat, die alte Sortiermaschine, schon lange defekt ist. Vielleicht nie wirklich funktionierte. Weil man Kartoffeln nach äußeren Merkmalen ordnen kann. Menschen aber nicht.

VON FISCHEN, DIE IN KINOS SINGEN

Es muss etwas zu hören sein. Das Ruscheln des Stiftes über das Papier. Die Klickgeräusche der alten Tastatur. Worte und Töne. Hühner und Eier. Es raschelt im Stroh. Fuchs, du alter Gänsedieb: »Gib sie wieder her!« Es gibt Worte, die sind dafür geschaffen, gesungen zu werden. Die fliegen gern auf Teppichen umher und andere, die bleiben lieber sitzen. Die liegen wie Findlinge auf Feldern herum. Und dann sind da noch solche, die erst weichgekaut werden müssen wie getrockneter Fisch.

Am Anfang: Handschriftliche Notizen. Zettelwirtschaft. Die rasch dahingekritzelten Gedanken drängen darauf, übertragen zu werden, so unleserlich und flüchtig sie sind. Fällt mein Blick auf die tippenden Hände, klackklackklack, entstehen Welten in dem kleinen Kino, das zwischen meinen Ohren sitzt. Es gleicht dem Innern des Lichtspielhauses Alhambra, vor dessen Kassenhäuschen mein Kinderherz oft raste. Und die Hände sind die Hände der Großmutter, die ich in meinen wiedererkenne, deren Anblick mir die Türen zum alten Saal so weit öffnet. Zu dieser geheimnisvollen Welt, die sich hinter dem Namen des einzigen Kinos in unserer kleinen Stadt in dem kleinen Land hinter der Mauer mit den Selbstschussanlagen verbarg.

Großmutters Finger waren immer in Bewegung, flink die Wolle, das Schnittmuster, flink die Möhren, Kartoffeln, das Heu für die

Hasen. Sie bewegten sich dabei stets im Rhythmus, den das Transistorradio vorgab. Ein tragbares sowjetisches Fabrikat mit Flachbatterien, für deren Tauglichkeitprüfung es genügte, die beiden gebogenen Blechenden kurz an die Zungenspitze zu halten. Der metallische Geschmack, das leichte Bitzeln, der Anblick der arbeitenden Hände lösten eine Sehnsucht aus. Nach Granada zum Beispiel, das ich mir weniger als festen Ort denn als Schiffsabenteuer vorzustellen vermochte. Ich sah mich mit windzerzaustem Haar auf beschwerlicher Fahrt mit Seilen am Ausguck festgebunden, lächelnde Wale, die unseren Weg kreuzen, fliegende Fische, die singen im Chor: »Wer möchte nicht im Leben bleiben«, und schließlich wäre da dies geheimnisvolle Land in Sicht. Der Beginn einer Reise, die ins Endlose zielt. Dagegen die verknappte Sprache der Menschen vorm Lichtspielhaus damals, die sich am Abend langer Arbeitstage begegneten.

»Tachschön.«

»Na, wie?«

»Jeht, Danke.«

Einander zunicken. Aller Sparsamkeit im Ausdruck, allem Unausgesprochenen, all den verschluckten Buchstaben und Satzenden zum Trotz gibt es Verstehen.

»Kiek dir dit an!«

»Haick schon.«

»Und?«

»Kammamachn.«

Das ist der Sound. Den darf man nicht hetzen. Der überschlägt sich sonst.

Wortreich schweigen die Frauen.

Vergessen.

Tonlos reden die Männer.

Erinnern.

Stimmlos in den Wiesen:
Kinder,
die laufen fort.

Der Widerhall meiner Schritte, nachts, in den leeren Straßen, vorbei an geduckten Häusern und Hofhundgebell. Das ist der Rhythmus. Er gehört mir. Ich beginne, im Takt zu formulieren. Wortfetzen, Sätze, Texte entstehen. So viel unsichtbarer Stoff liegt überall vor Hauseingängen, achtlos liegengelassen. Ich eigne mir dieses Territorium an, ohne selbst Spuren zu hinterlassen. Nicht hier. Meine Spuren kritzle ich auf Zettel, Zigarettenschachteln, leere Umzugskartons. Etwas erfassen kann nur gelingen als kein Teil davon.

Beim Einrichten des Kopfkinos ist das Transistorradio das erste Möbelstück. Zwischen meinen Ohren erklingt die bekannte Schlagermelodie. Meine Hände suchen Bewegung. Flinkflink. Sie schneiden Figuren aus der Verpackung von Buchsendungen, aus alten Kartons und Umzugskisten. Fabelwesen. Gliederpuppen. Imaginäre Freunde. Jeder Text erhält seine eigenen Pappkameraden zur Begleitung ins Unbekannte. Der Romanstoff gebiert einen Hampelmann. Seitenscheitel. Hitlerbärtchen. Baseballschläger anstelle der Arme, auf denen steht »Nichts« und »Niemand«. Der Hampel zieht mit um, bewacht das entstehende Manuskript, wird zur Vorlage für ein Albumcover. Bevor das Großstadthörstück »Kein Teil von Etwas« Gestalt annimmt, betreten drei mysteriöse Figuren mit Mänteln, hochgeschlagenen Kragen und Hüten die Bühne meines Alhambras. Die fabelhaften Urbanis sind erst Zeichnung, Entwurf, dann konkrete Formen, Gestalten an der Wand hinterm Schreibtisch. Eine raucht, eine zückt eine Waffe, nein, es ist nur eine Banane! Die dritte im Bunde hält ein Eis in der Hand. Wir werden Freunde. Eine Bande. Sie begleiten mich seither. Die Figur mit der Zigarette entwickelt sich zu einer Art Alter Ego. Weder singt noch schreibt sie, hält aber gern die

Zunge an Flachbatterien. Und zieht in den Raum des Filmvorführers ein. Alhambra proudly presents: Mani Urbani.

Erinnerungen sind Material. Sind versteckt an verschiedenen Stellen des Körpers. Die gerunzelte Stirn gehört dem Vater. Mutters Lippen. Der fiese Glatzenpeter von nebenan hat mir die kleine Narbe unterhalb des linken Auges verpasst. Damals entstanden erste Gedichte auf dem Sofa der verstorbenen Großmutter. Meine Hände bewegten sich anstelle der ihren, deren lebendigem Geist ich im Zimmer nachspürte. Im Knarren der Dielen, im Klang des alten Radios, in meiner eigenen Stimme. Gereimte Textminiaturen wuchsen bergeweise, verschwanden in Koffern, die zogen mit mir aus. Der Freund, dem ich sie auf dem Fußboden der ersten eigenen Wohnung hockend zeigte, zog Zettel für Zettel heraus, versank für eine Weile darin und verschwand schließlich damit. Als er zurückkam, hatte er Melodien und Rhythmen in sein Gitarrenspiel übersetzt. Im Alhambra ging die Festbeleuchtung an.

Wer singen soll, hatte er schließlich gefragt. Wir kannten ja niemanden sonst. Also sangen wir selbst, bei weit geöffneten Fenstern. Und lernten zuzuhören. Machten Krach und Erfahrungen. Manchmal rettet der Text die Musik. Meistens ist es umgekehrt. Wenn ich schreibe, summt etwas dagegen. Ein Sound entsteht. Nie von allein. Es muss etwas zu hören sein. Und sei es eine Maus, die durch die leeren Ränge des Kinosaals huscht. Sie schläft beim Filmvorführer. Die Maus wird ausdauernder. Das Kino kleiner. Texte wachsen zu Buchstabenseen. Wortlandschaften. Klackklackklack. Es ruschelt im Stroh.

Die Maus sitzt jetzt im Lautsprecher. Meine Hände liegen still neben der Tastatur. Ich höre ein neues Stück, versuche, mir die Melodie einzuprägen, die Augen verfolgen die Notensymbole, die sich im Bildschirm von rechts nach links bewegen. Die Ohren sind abgelenkt. Denn das gleichmäßige Geräusch des Druckers drängt in den Vordergrund. Es spricht mit dem Text. Ich werde es später aufnehmen und noch später in einem echten, alten Kinosaal abfeuern. Per Tastendruck. Dort stehen meine musizierenden Gefährten im Studio, mit geschlossenen Augen.

Frühjahr 2022. Krieg. Zhytomyr, Lviv, Mariupol – die Namen ukrainischer Städte haben die Inzidenzen aus den Nachrichten verdrängt, und wir spielen in Echtzeit eine neue Platte ein. Mehrfach hatten wir die Aufnahmen verschieben müssen. Krankheit. Quarantäne. Unsicherheit wegen bevorstehender Familienbesuche. Nach dem erzwungenen Rückzug tausche ich die Einsamkeit der Schreibstube endlich wieder gegen das Körpereinswerden in Ohren und Bewegung der Gruppe. Die Grenzen individueller Erfahrung zu überschreiten, das gelingt nur als Teil von Etwas.

NACHTRAG

Die in diesem Band versammelten Texte entstanden im Laufe der letzten zehn Jahre in freiwilligen und unfreiwilligen Schreibasylen, in Zügen, Hotelzimmern oder Pensionsstuben. Es sind Betrachtungen der Welt im Widerhall zubetonierter Landschaften, menschengemachter Naturkatastrophen, Epidemien und Kriege. Im Spiegel meiner eigenen überallhin mitreisenden Erinnerungen und der unterwegs gesammelten Geschichten.

Mein Dank gilt all den Gastgeberinnen in nah und fern, den Gesprächspartnern auf Bühnen, dem Publikum, kurz: allen Menschen, die ihre Erfahrungen mit mir teilten.

Aber vor allem danke ich Markus Liske für seine empathische und hartnäckige Kritik, deren steter Begleitung ich mir in all den Jahren gewiss sein konnte. So oft wir auch uneins waren, liegt das Ziel dieser Zusammenarbeit doch immer darin, besser zu verstehen. Nicht, Recht zu behalten. Gleich am Anfang unserer Komplizenschaft nannte er mich einmal »Raketenfrau«. Eine, die so schnell fliegt, dass es wirkt, als ob sie sich gar nicht bewegt. Denn je größer der Druck ist, den ich – im Leben wie im Arbeiten – verspüre, desto sparsamer werden meine Bewegungen. Ich glaube, das ist mein ganz persönliches Erbe von 1989. Es korrespondiert mit dem starken Gefühl, das mich beim Anblick des Angelus Novus von Paul Klee ergreift, den Walter Benjamin so wortstark deutete. Die Zeiger der Uhren, die zu rasen begannen. Die Unmöglichkeit, sich an dieses Tempo zu gewöhnen. Wahrnehmung als Expander, umflirrt von all den Geistern der Vergangenheit und dem utopischen Leuchten der Möglichkeit einer radikalen Veränderung der Verhältnisse. (Wenn meine Füße nicht auf der Bremse stehen, dann fliege ich im Sturm davon.)

Dank auch an Jörg und Kristine für ihr Vertrauen. Und danke Poly Styrene:

My mind is like a plastic bag –
one, two, three, four.

Manja Präkels, Köpernitz, August 2022

NACHWEISE

Die für dieses Buch ausgewählten Texte wurden teilweise stark bearbeitet oder erweitert. In ihrer Erstfassung erschienen sie hier:

Fensterblick – Text für Kurzvideo, Bildungsstätte Anne Frank, Frankfurt/Main März 2020

Welt im Widerhall – Taz, Berlin Oktober 2020

Schlumpfeiszeit adé – Taz, Berlin Mai 2020

Brandenburg macht Pause – WOZ, Zürich Mai 2020

»Sie fühlen es nur nicht« – in: »Was blüht dem Dorf«, Broschüre des Bundesverbands Mobile Beratung e.V., Dresden März 2019

Am Rande wächst die Eigenart – in: Snabel, Broschüre des Netzwerks Junge Ohren e.V., Berlin Mai 2021

»Hört auf, so zu tun, als gäbe es ein Zurück« – Eine Version dieses Textes findet sich unter dem Titel »Eine Stadt mit gewissen Spielräumen« in Jungle World, Berlin Oktober 2014

Heinersdorf und die Flüchtlinge – Broschüre der Mobilen Beratung gegen Rechtsextremismus, Potsdam Dezember 2016

Hasshasenangst – in: »Und wie wir hassen!« (Hg. Lydia Haider), Verlag Kremayr & Scheriau, Wien März 2020

Die das Fürchten lehren – Der Freitag, Berlin September 2018

Die Eingeborenen – in: »Vorsicht Volk!« (Hg. M. Liske, M. Präkels), Verbrecher Verlag, Berlin 2015

Echte Männer, geile Angst – Der Spiegel, Hamburg Dezember 2017

Die Welt zerfällt am Wegesrand – Der Rechte Rand, Hannover Mai 2021

Wir waren Mädchen in extremen Zeiten – Frankfurter Rundschau, Frankfurt/Main Mai 2018

Unterm Gras die Knochen – in: »Krieg und Frieden – 1945 und die Folgen in Brandenburg«, L&H Verlag, Berlin Mai 2020

Im schönsten Wiesengrunde – telegraph, Berlin Mai 2014

Kein abgeschlossenes Kapitel – Erstveröffentlichung

Eskalator hoch und runter – Luxemburg, Berlin April 2020

Djewotschka will heim – in: Heimat, Heimweh, Heimsuchung (Hg. K. Krampitz, H. Werning), Karin Kramer Verlag, Berlin Oktober 2011

Dichtung und Elend – Nolo, Festschrift zum Erich-Mühsam-Fest, Berlin Juli 2014

Lambada für Lenin – Auszüge als Beitrag zum Thema »30 Jahre Mauerfall« in WOZ, Zürich November 2019 sowie unter dem Titel »Lambada für Lenin« in Jungle World, Berlin Dezember 2018

Wenn mal allet nich mehr is – Rheinsberger Bogen Nr. 53, Rheinsberg Juni 2021

Provinz des Menschen, oder: Der Schicksalsautomat braucht keinen Strom – Erstveröffentlichung

Von Fischen, die in Kinos singen – in: »Pop goes literature« (Hg. C. Jürgensen), transcript Verlag, Bielefeld März 2022

Erste Auflage
Verbrecher Verlag Berlin 2022
www.verbrecherei.de

Einband: Christian Walter
Lektorat: Markus Liske
Satz: Sarah Käsmayr
Druck: CPI Clausen & Bosse, Leck

ISBN 978-3-95732-535-8

Printed in Germany

Der Verlag dankt Anna-Lena Brunner,
Alyssa Fenner, Lore-Marie Junghans,
Marlene Münßinger und Dalina Schambach.